邱庆剑 著

避税：
无限接近但不逾越

人民东方出版传媒

东方出版社

修订说明

本书 2012 年首次出版，至今已差不多 8 个年头。这些年里，因为读者的厚爱，该书在各大图书销售网站上一直占据着排行榜前列的位置。

税收法规，总是受到多种因素的影响，比如国家经济发展、企业生产经营景气情况、纳税人负担能力、国内税收环境、国际间税收竞争等。受到影响，就需要调整，表现出来就是税法的"多变"。8 年以来，税法已经出现了很多变化，为了让本书更能帮助到广大读者，特作出修订。

本次修订，有几点需要说明：

第一，本次修订最大限度地保留了原版的主体内容。

第二，对与现行税收法规不符合的地方，做了修改和删除。

第三，考虑到案例总是在特定历史条件下发生的，如果"与时俱进"，就不是真实的案例了。因此，对于案例，作了三种不同的处理方式：一是改动较小，比如只涉及税率的，我们做了修改；二是涉及法规较多的，但仍然有参考意义的，改动可能让案例失真的，我们未做修改，只是做了备注；三是在新法规下完全没有参考意义的案例，我们作了删除处理。

在本次修订中，我增加了一部分内容，讲述老板和财税精英的财税顶层思维，其中"税收利润""消灭利润"均是我近几年提出的新思维。这部分内容我放在"附录"中。

这些年来，我将主要精力放在财税培训和咨询方面，平日里十分忙碌，一年 365 天，我坐飞机的次数可能突破 200 次。修订本书，都是利用碎片时间工作，比如在等人、候机、堵车时修订，手边缺少查证工具，加之时间仓促，可能还存在一些不尽如人意的地方，敬请各位读者朋友指正，以便下次修订时进一步完善。

读书是一件辛苦的事情，尤其读这种专业书，要学以致用，更是辛苦。为了让广大读者更好地理解和应用，我推出了"节税工程读书会"，亲自对图书内容的理解、应用进行深度解读，敬请读者朋友关注。

邱庆剑

2020 年 11 月 11 日

读书很累，帮您读！

扫二维码，关注"节税工程读书会"

前 言

不是教你去避税

纳税是一种义务。

很多老板不明白这一点，他们说："钱是我赚的，凭什么要向国家缴税？"钱的确是你赚的，但如果没有国家机器来维护社会秩序，你能赚到钱吗？

虽然，在本书的上篇，我们揭示了一例非常完善的"避税防火墙"，但我们依然要说，避税不是出路。假的总是假的，随着信息化水平的提升，将来税务、银行、工商、劳动等部门联网共享信息，避税者的生存空间就越来越狭小了。

历来讲避税案，都是从查税者的角度来讲解。本书上篇中的例子，则是从纳税人的角度，详细讲述了"避税防火墙"是如何修建起来的。这一实例，对于税收征管人员有很重要的参考意义，我们揭示这起案例的目的，也在于希望其能够帮助税收征管人员寻找到更多的突破口。

在实践工作中，税收征管人员和税务专家总结了很多行之有效的查税方法，比如分析毛利率、分析税负率、分析往来科目、分析成本构成等，而且还有专门的分析软件。这些方法很容易攻破会计做的假账，但对于"避税防火墙"，其效果并不明显。

坊间流传一句话："末流会计做假账，一流会计修城墙。"假账通常是会计人员闭门造车，在财务核算环节作假，而业务部门的数据都是真实的。税务人员将财务数据与业务数据一核对，就可以发现问题所在。而"避税防火墙"是财务与业务紧密配合，每个环节都有真假两套数据，每个环节都有防护措施，税收征管人员的常规方法通常不能凑效，即使去查证业务数据，也很难提取真实的证据。

越是高明的避税手段，越值得我们去钻研，以保证每一分钱的税款都能够缴入国库。我们阅读这个从纳税人角度来讲述的"避税防火墙"实例，就如同亲身经历了一次它的修建过程，读毕，也就找到了进攻的方向。

既然避税不是出路，就得指出一条出路来。为此，在本书的下篇详细讲述了一种新的节税方法——节税工程。该方法和"避税防火墙"正好相对应："避税防火墙"是从业务经营角度作假避税，节税工程却是从业务经营角度合法节税。这种节税方法，和以往的纳税筹划有很大区别，它不是会计实施得了的，也不是财务经理实施得了的，它是一个经济实体上上下下齐心协力才能实现的一项大工程。

节税工程的方法论是：从大处着手、从小处完善。

节税工程的两大基石是：企业生命周期、企业经营流程闭合环。

节税工程的三大手段是：科学选择企业组织形式和控制方式，在地域或产业上合理布局生产资源和生产能力，整合及再造企业经营流程。

很显然，节税工程不是围绕税收政策来实施的，使用的不是钻法律空子之类的小招术。这一方法运用得当，可以让企业大幅度降低税收成本，其额度并不亚于避税所获的见不得阳光的收益。

避税让老板提心吊胆，节税工程让老板睡得香、吃得香，选哪条路，是很明显的事情。

作为重要的阳光节税工具，节税工程自诞生以来，就备受争议：正面使用它，就是合法节税；反面使用它，就成了避税的有力助手。恳请各位读者朋友能够从正面去应用它，走阳光节税之路。欢迎大家与我交流，对我的节税方法提出指正和帮助，我的邮箱 qiuqingjian @163. com。

希望这本书，对纳税人、税收征管人员都有所帮助。

目 录

上篇
"避税防火墙" 实例揭秘

防避税，首先得清楚别人是如何避税的。

在本篇中，我们详细讲述了 RH 食品公司被举报避税后，请避税高手修建"避税防火墙"的过程，并原汁原味地再现了该高手设计的"避税防火墙"方案。

此目的在于帮助税务人员找到突破口，从而能够更快捷地查到避税行为。

第一章
假账与防火墙

一、假账

对于很多企业经营者和财务人员来说，假账都不陌生，它指的就是没有真实反映企业的各项交易或事项，没有如实地反映企业的各项生产经营活动，以及没有按照会计准则处理业务的账。

企业做假账，通常是基于一定的目的，最常见的有以下5种：

（1）为了避税。通过做假账，少列收入、多列支出，达到少缴流转税和所得税的目的。

（2）为了贷款。企业资产状况本来不好，向银行贷款时，信用等级评不上去，于是，通过做假账，让收入、利润、资产放大，使报表显得更"漂亮"。

（3）虚构业绩。比如上市公司，为了募集更多资金，通过做假账，让利润"更多"，从而显得企业业绩好。

（4）套现发放福利。通过做账假，虚构支出，把现金套出来瓜分或发放福利。

（5）为了争取政府支持。通过做假账，夸大企业实力和前景，套取国家政策支持和资金扶持。

在上述目的当中，最普遍的是为了避税。流转税通常以业务量为计税基数，所得税通常以利润为计税基数。做假账就是从降低计税基数着手的。做假账的手段，通常采取隐瞒收入、多列支出、隐瞒资产、虚构交易等手段，目的不外乎让业务量显得更小，让账面利润更少。

假的毕竟是假的，做得再好，都不可能变成真的。假账只是在财务环节作假，业务部门的数据都是真实的。因此，假账有一个非常致命的弱点，经不起核对，只要拿假账与业务部门的数据一核对，假账就会原形毕露。

二、防火墙

防火墙是一种更为高明的避税手段。它指的是供、产、销、内勤、财务所有环节密切配合，全程作假，每一个环节均存在真假两套数据，税务人员无论检查哪一个环节，他们都可以拿出一套假的数据出来，并且各个环节之间的假数据衔接得天衣无缝。

搞"避税防火墙"的目的非常明显，就是不让税务部门掌握到企业真实的业务量和利润，从而达到避税的目的。它不仅仅是企业环节作假，税务人员拿财务数据与业务部门核对时，业务部门提供的也是假数据，两假相对，当然是一致的。

为了达到避税目的，不仅各环节数据作假，连实物都作假。比如，本来库房的产成品是一家公司的，企业可能注册多家公司，称库房的产品是多家企业的。再比如销售环节，企业可能注册多个销售公司，产品从不同公司销售出去，让税务人员难以统计到真实的销量。

三、假账与防火墙对比

很显然，假账属于避税的初级手段，而防火墙则是避税的高级手段。两者的对比见表 1-1。

表 1-1　假账与防火墙对比表

对比项目	假账	防火墙
作假目的	除了避税，还有其他目的	只为避税
作假环节	仅财务环节	供、产、销、内勤、财务等所有环节
避税大小	额度小	额度大
识别难度	容易识别	较难识别
风险大小	风险大	风险小
手　段	少列收入、多列支出、虚构交易等	全程提供真假两套数据
实施难度	难度低	难度高

从本书上篇第二章开始，是一份原汁原味的防火墙实例，读者朋友不妨对照着假账来研究，以增加识别能力，增强查税的技能。

第二章

举报：隐瞒1亿元销售收入

一、避税大案

2002 年 10 月 17 日，GZ 省 ZS 市市国税局接到举报：RH 公司隐瞒销售收入 1.05 亿元。

举报者是 RH 公司的一个重量级合作伙伴，因为双方合作不愉快而分道扬镳，合作伙伴实施了举报。RH 公司主要生产休闲食品，包括饼干、果冻、糖果等，主要销售对象为中小型超市，收款方式以现金为主，并且绝大多数超市不索取发票。RH 隐瞒销售收入的手法比较简单也比较常见：将销售款打到私人银行卡上，财务做内外两套账，凡是打在私人银行卡上的钱，均不上外账。该公司增值税税率为 17%，当时的所得税税率为 33%。

接到举报的税务人员粗略估算了一下，该公司隐藏 1.05 亿元销售收入，仅偷逃增值税就高达 1 785 万元，加上所得税、滞纳金、罚款，应当补缴税款不低于 5 000 万元。隐藏的销售收入一旦被查出来，通常是被视为销售纯利，按33%征收所得税。罚款最低是避税额的0.5倍，滞纳金按日计算也不小，每天5‰。

这是近10年来该税务局接到的最大案件。税务局立即成立由5人组成的专案小组，直奔RH公司。

RH公司与公司所在地基层国家税务局关系不错，举报发生时，基层国税局在第一时间通报了RH公司财务经理。RH公司进行了一定的准备工作，包括转移真实的财务资料和相关业务报表。

然而，魔高一尺，道高一丈。市国税局知道RH公司定会有所防备，他们并没有直接去财务部，而是直奔销售部。举报人提供了一条重要线索，RH公司所有销售都通过一个叫"V1销售系统"的软件来下订单。当专案组到销售部时，顺利拷贝到了"V1销售系统"中所有数据，然后凯旋。

二、铁证如山

RH公司财务经理被请到了市国税局。

专案组组长贾先生拿出一张纸，上面写着3张私人银行卡的开户行、户名和账号。财务经理一看，傻眼了，那3张银行卡，就是RH公司用于收取未在"外账"（报给税务局的账）上反映的现金收入的银行卡，上面的资金流量上亿元。

财务经理是一个60多岁，经历过风浪的男人。他知道不能就这么认了，他坚持说这3张卡不是RH公司的。贾先生听了，又拿出一份材料，那是RH公司发给各个地区经销商的书面通知，上面盖着RH公司的鲜章。通知内容是："各位经销商：从即日起，所有回款均打到下面3张卡上：（1）户名：×××；开户行：×××；账号：×××。（2）户名：×××；开户行：×××；账号：×××。（3）户名：×××；开户行：×××；账号：×××……。"

财务经理这一下没话说了。贾先生让他回去，好好统计一下这3张卡隐瞒了多少销售收入，第二天一早报税务局。

财务经理回到 RH 公司，向老板汇报了情况。老板是一位女士，也已60多岁了。她向来认为自己做生意是自己管自己，不靠政府，不靠领导，不该纳税。这一回，她依然说不能补税，先报一个数字上去糊弄一下。于是，财务经理组织会计人员胡乱凑了一个数字：219.31万元。

第二天上午，专案组另一名工作人员曾先生看了财务经理的数据后，冷笑一声，然后从文件柜里拿出一大叠纸，放到财务经理面前。

财务经理看得眼冒金星，那是从银行打印出来的，3张私人银行卡上头一年的资金收支明细！财务经理只好说自己统计错了。曾先生说错了没关系，明天多带几个会计来，到现场来统计，这纸就给你了，但你不能带回去。

有银行卡，有 RH 公司盖鲜章的通知，有从银行调出来的资金收支记录，RH 公司看来是在劫难逃了。

三、高人重出江湖

财务经理本来就几个晚上没合上眼了，这一下更是吓得全身冰凉，走到大街上，连方向都找不着了。刑法中关于偷逃税金的处罚条款，他能够倒背如流——其实不用背，这几天脑子里就一直跳跃着那些汉字。

财务经理回到公司，把情况向老板一汇报，老板也听得虚汗直流。这事弄不好，公司因此关门，老板还得蹲监狱。过惯了锦衣玉食日子的人，哪里受得了牢狱之苦？何况年纪不小了，再加之是一位女士。

在这关键时刻，老板想起了一位高人——早已"退隐江湖"的避税策划专家汪先生。汪先生本来是纳税筹划专家，可企业老板总觉得筹划那点税款不过瘾，还是避税更刺激，"收益"更高。为适应市场需求，汪先生由纳税筹划专家变成了避税筹划专家。后来觉得良心上过不去，他退隐了。

老板连夜找到汪先生。

老板早年帮过汪先生，汪先生一直记着这位老大姐的情。如今大姐有难，他自然要鼎力相助，于是决定重出江湖。

在铁证面前，汪先生该如何助老板脱险？

第三章

高人相助，大事化小

一、金钱开道

汪先生听了老大姐和财务经理讲述的情况后，当机立断，要老大姐两条腿走路：一条腿是走上层关系，马上拿钱去找税务局领导，让上面关照着；另一条腿是立即准备相关材料，将1.05亿元消化掉。

老板舍不得花钱，问汪先生不送钱行不行。汪先生说，人家都铁证如山了，而且是大案，不"出血"肯定不行。当然，汪先生和财务经理都清楚，"大出血"的同时，也要积极造假，交一份双方都说得过去的答卷，给专案组台阶下。

老板马上听明白了，她也果断，当即请汪先生帮忙，指导会计人员准备材料。同时，她梳理自己的人脉关系，找到了一个可以间接给市税务局领导送钱的人。这个人也是税务方面的专家，和各级税务领导关系非常好。早年他做纳税筹划，和汪先生还有过来往。但后来，他找到了新的生财之道，那就是专门给企业和税务官员做中间人，收企业的钱，转交给官员，他中间截留一部分。税官和企业老板，都是他的宝贵资源，是他的摇钱树。跑跑腿动动嘴，钱就到手了，比纳税筹划轻松多了。

只给领导送钱也不行，专案组的人不搞定，问题也解决不了。汪先生建议想办法给专案组5位成员也"烧点香"。事到如今，汪先生的话就是"圣旨"，老板言听计从。

上层关系第二天就走通了，钱也送出去了。但专案组的5个人却死活不肯收。他们是不敢收，这么大的案子，拿人钱财得替人消灾，但他们消不了啊，得看领导怎么决定。汪先生知道情况后，要求老板坚持不懈地"烧香"，今天不行明天烧，明天不行后天烧，后天不行大后天再烧。很明显，专案组的人在看领导的反应，如果从领导的反应上判断领导已经收了钱，他们就可以收了，灾由领导来消。如果到头来，领导收了钱，把灾也替人消了，他们干活的还是得按领导的意思办事，钱，不收白不收！

果然，老板第三次找到专案组5个人喝茶时，钱顺利送出去了。

钱收到手了，案怎么结？总不能把明摆着的案子化为乌有吧？他日有人翻出来了，收钱的一干人不就完了？专案组的人是有办法的，但限于身份他们不能说出来，说出来就是合谋了。

二、亡羊补牢，"完善"资料

汪先生提出一个初步的化解1.05亿现金收入的方案，叫老板拿给中间人，由中间人转给市税务局领导。中间人和领导都表示不错。于是，汪先生带领一帮会计人员，昼夜兼程，三下五除二，把1.05亿给化解了。银行卡收入资金构成见表3-1。

表 3-1 银行卡收入资金构成

构成项目	金额	说 明
已经上账	3 512 万元	RH 外账上面前一年累计现金销售收入 3 200 万元,正好拿来冲抵
向经销商收取品牌保证金	2 918 万元	按经销商店面大小和代理产品多少收取
向商家借款	1 436 万元	理由是公司经营困难
第三方的货架、展示架款	1 511 万元	钱根本没进 RH 的账,是货架商借用这些卡收钱,和 RH 没关系
第三方的设计费	923 万元	钱根本没有进 RH 的账,是设计公司的人借用这些卡收钱,和 RH 没关系
合　　计	1.03 亿元	

才 1.03 亿,还有 200 万元呢,财务经理看了,当即就问起来。汪先生说,人家税务局兴师动众,一点税款也没查出来,人家怎么交差?那 200 万元,就是我们未上账的销售收入。汪先生这个意见,也得到了老板的支持。老大姐是会算账的,200 万元缴的税,比起 1.05亿,是小得不能再小了。生意人都有一个原则,自己吃肉,至少得让别人喝汤,这一回,税务局至少得有汤喝。

在化解 1.05 亿收入的过程中,中间人和市国税局领导一直没有停止过"关心"和"指导"。领导交待要把相关手续"完善"好。

接下来,有大量的工作要做。怎么完善相关手续,汪先生知道。

(1) 外账上面累计 3 512 万元现金收入,当然与 1.05 亿中的钱毫不相干,现在要说成相干,就要将银行卡上的流水记录和外账的现金日记账一一对应起来。这项工作,五六个会计人员加班加点做了两天一夜。

(2) 向经销商收取品牌保证金,得有协议,有收据,协议上得有经销商签字。协议一份一份起草出来,找人签上字,再对照着 3 张银行卡上的流水记录，开好收据。协议和收据，都作了处理，让它显得有些陈旧。这项工作，会计们忙了一天一夜。

（3）向经销商借款，得有借款协议和收据。这些手续的完善，和保证金处理方式一样，同步进行。

（4）第三方借用了这些银行卡，就得签个三方协议，这里也有收据往来，第三方收了经销商的钱要开收据给经销商，RH"应该"存一份复印件。涉及货架、展示架部分，需要制作货架和展示架清单，还得有货运单来当佐证。老板出面，找到了愿意帮忙的第三方，并找和材料经营部。伪造这些手续，又忙了一两天。

上述文本中，收取保证金协议、借款协议都较为简单。三方协议要复杂一点，要达到证明钱不属于 RH 公司的目的。下面是汪先生起草的三方协议。

委托购买协议

甲方：（某某经销商）

乙方：（某某材料经营部）

丙方：RH 食品公司

为提升市场竞争力，统一终端形象，凡经销丙方食品的乙方，均须按照丙方的要求，统一设计、购买货架和展示架。经三方友好协商一致，达成如下协议。

1. 所有货架、展示架统一由甲方委托乙方设计、制作。

2. 货架、展示架制作完毕，由乙方通过第三方物流发给甲方，并向甲方收取设计费和制作成本。

3. 为保证甲方资金安全，丙方负责协调和担保，但丙方不收取任何报酬。

4. 乙方设计费收取标准按 RH 食品摊位占用店面大小计算，每平方米 212 元，共计＿＿＿元；货架、展示架按制作成本收取，共计＿＿＿＿元（清单见本协议附件 2）。

5. 设计费、制作费用由甲方汇入指定银行卡上（见本协议附件 1），再由乙方自行取出，不经过丙方。

6. 本协议一式三份，甲、乙、丙各执一份，三方签字生效。

甲方：

乙方：

丙方：

年　　　月　　　日

附件 1：指定银行卡账户

附件 2：货架、展示架制作清单

三、顺利过关，皆大欢喜

材料准备齐了，写上一份情况说明，很顺利就交上去了，专案组只说等候通知。

差不多两个月后，通知下来了：RH 公司隐瞒销售收入 200 万元，按照税法规定，应该补缴增值税 34 万元，滞纳金 24 万元，按欠税额的 1/2 罚款 17 万元，总共该缴国库 75 万元。

结案通知一出来，皆大欢喜。

我们国家每年有多少这样的大案？汪先生说非常多，因为非常多的企业假账都做得漏洞百出。那么，又有多少大案化小案了呢？汪先生说"百分之九十九点九九九"都大案化小了，因为每年并没有见到几个企业因为税案关门。

这次轻松脱险，下一次还能有这么幸运吗？老板想想都害怕。但是，她又不能依法纳税，因为依法纳税的话，就基本没有利润了。她自己就会算这笔账：前一年真实销售收入是1.61亿元，利润900万元；很多采购没有取得进项发票，无法抵扣进项税；如果1.61亿元收入实打实纳税，不仅没利润，还要亏损。

不逃税不行，逃又提心吊胆。做生意挣钱的目的是为了享受生活，而不是过这种日子。这次被举报，虽然有惊无"大险"，但她的白头发一下子多了许多，多少个无法入睡的夜晚，让她的眼袋肿得像两条香肠。她请汪先生帮忙想想办法，结束这种提心吊胆的日子。

汪先生想到是多年的朋友了，老大姐挺不容易的，就答应了，说要给RH公司修一道防火墙。

第四章

修筑防火墙第一步：问题调研

一、从业务环节开始调研

末流会计做假账，一流会计修城墙。

假账很容易查出来，因为假账和业务部脱节，税务人员拿着账本与业务部门一核对，假的就现了原形。防火墙却不一样，它是从供、产、销全程作假，让财务和业务同步并行，所有环节都是两套信息流、资金流、物流。

在全中国，没几个人修得了这样的防火墙。修墙者，不仅必须是税务专家，还得是其他领域的专家，必须对企业经营各领域的流程非常熟悉，精通各领域的管理。汪先生就是一个全才，修这样的墙对他来说不难。

汪先生第二天就开始工作了。

和其他税务专家一来就扎进财务部不同，汪先生根本不到财务部，而是首先把采购部经理找了来。他了解采购部门的人员构成、人

016

员分工、上级组织、平级部门以及采购部的工作职责、工作流程、资金流、信息流、物流等全方位的信息。他调研了经理，还调研了有代表性的工作岗位。业务部门调查完了，调查 RH 公司高层管理者，最后才拿出财务报表来看，调查财务部的情况。

下面是汪先生的一份工作底稿样式。

部门调研表

调研部门：

调研时间：

1. 被调研人员信息

姓　　名		部门		职务	
直接上级					
平行部门					
直接下级					
下级分工					

2. 部门职责调研

部门名称		负责人		
	职责			问题
部门职责				

3. 部门报表及账目（信息流）调研

部门名称			负责人		
部门报表		名称及形式	接触人员、报送时间及对象		问题
部门账目					
信息保管		平常存放位置			
		是否定期转移			
		收集间隔时间			
		最后处置方式			

4. 部门资金流调研

部门名称			负责人	
资金收支	付款事项			
	收款事项			

5. 部门物流调研

部门名称	采购部	负责人	
物流程序	项目	流程	

6. 电脑软件使用

软件名称	
使用人员	
问　　题	

7. 需要收集的材料

（1）_____

_____

（2）_____

_____

（3）_____

_____

8. 被调研人员陈述问题

（1）_____

_____

（2）_____

_____

（3）_____

_____

二、调研报告

　　经过一个多月深入调研，汪先生掌握了 RH 食品公司税务安全和管理等多方面的信息，并出具了调研报告。我们这本书是讲述"避税防火墙"的，涉及管理方面的内容没必要讲述，下面是汪先生调研报告节录，省略了前面的封面、目录、报告摘要和后面的管理问题陈述。

RH 食品公司纳税及管理问题
调研报告（节录）

第一章　调研基本情况

接受公司委托，我们从×年×月×日开始，对公司进行了全面的调研。基本情况如下：

1. 调研时间

本次调研时间从×年×月×日开始×月×日结束，历时×天。

2. 调研范围

本次调研按照供应链顺序，分两个批次进行调研。

（1）第一个批次的调研范围包括采购部经理、生产物控部经理、生产物控部材料科科长、生产物控部调度科科长、生产物控部发货科科长、制造中心总监（兼厂长）、质量部经理、营销中心总监、商务部主管、市场部主管、客户服务部经理、客户服务部客服科科长、特渠部主管、技术开发部经理、OEM 部主管、人事行政部经理及主管、财务部经理及各位会计核算人员。

（2）第二个批次的调研范围包括科室以下工作人员，因为主管级人员对部门流程和岗位分工进行了较详细的介绍，所以在对科室以下工作人员进行调研时，我们只抽取了具有代表性的部分岗位。

本次调研对象，不包括工人和车间主管。

3. 调研方式

本次调研主要采取的 4 种方式实施，具体包括：

（1）交谈式调研，事先列出调研内容和范围，进行一对一交流，从交流中发现问题。为了避免偏差，对每一项工作，除了在甲部门调研外，还在有业务往来的乙部门进行印证，以取得客观真实的信息。

（2）实地查看，包括对生产现场、材料仓、成品仓的现场查看，掌握管理的基本情况。

（3）对部分岗位人员的办公桌信息资料查看，掌握信息资料保管情况。

（4）对软件系统进行亲自操作、实践，了解信息传递情况。

4. 调研内容

本次调研的目的是，通过对公司各个环节信息流、资金流、物流流程的梳理，找到需要完善的地方。基于这种目的，我们在进行调研时，收集或了解以下信息：

（1）被调研人员的基本信息，包括上级、下级、下级分工、平行部门。

（2）部门职责，具体到每一项工作。

（3）个人岗位职责，具体到每一项工作。

（4）工作流程，具体到每一个流程的图示或文字描述。

（5）接触的账目和报表，以了解其掌握的信息深度和广度，以及账目、报表的传递路径，账目、报表的收集、存放和最终处置。

（6）涉及的资金收付行为，包括收付流程，以了解其工作所涉及的资金流信息。

（7）涉及的物流项目，了解资产安全度和资产数量信息的安全度。

（8）电脑软件的应用调研，通过调研寻找信息安全的关键节点。

（9）对各部门的主要规章进行了解，判断其管理水平和状况。

5. 发现问题

本次调研，发现公司发展的五大瓶颈，以及九大类63项问题（枝节问题未统计在内），可测算损失每年高达760余万元（指的是经营损失，不包括税收损失）。

第二章　税务安全问题

从总体上来说，公司在税务安全方面做了不少工作，但从本次调研来看，依然可以用一句话来形容：连一道围墙都没有。拿总经理的话说，我们的税务安全防护，至少要能够"接上三招"，而我们实际上的情况是"一招"也接不上。

一、基础建设类

（一）整体布局缺规划，安全缺乏"缓冲带"

目前虽然有6个法人单位，包括：GZ 省 RH 食品有限公司、GZ 省 RH 贸易有限公司、HB 省 RH 食品有限公司、HB 省 NK 食品有限公司、GZ 省 DH 食品有限公司，但是，这些法人之间缺乏相互保护或掩护。我们设置多个法人，除了业务、融资等需要，还应该形成有效的防火墙。

1. 市场风险直达总部

就目前的业务设置来看，当某一个经销商出现税务问题，那么，当地税务部门一纸协查函发到 GZ 省，GZ 省的税务局就可以直接到 GZ 省总部来，将总部牵连进去。此外，经销商如果主观上要伤害我们，一纸举报，也将直接置总部于十分被动的局面，如图1所示。

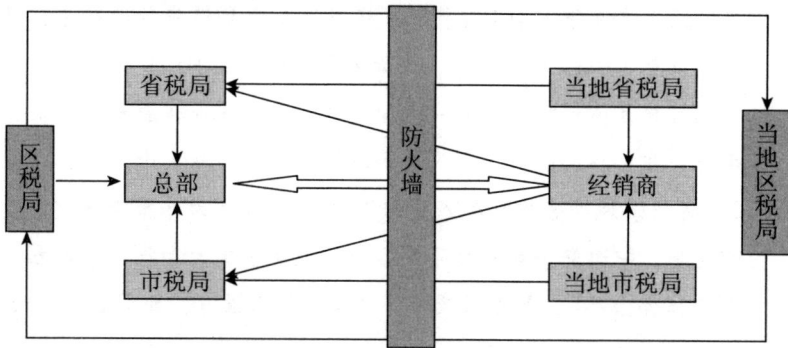

图1 阻隔外地税收风险

通常来说，我们与本地税务部门的关系容易协调，而对异地税务部门的关系协调起来就困难得多。一旦出现举报案件，无论怎么协调，公司都将付出较大的代价，而且严重影响正常工作，因为举报案例不同于例行检查，税务部门是一定要有"斩获"才能结案，或者说才能交差的。

2. 法人之间大额非交易性资金往来，留下后患

出于资金循环需要，一些事实上没有经营的企业法人，却已经发生大金额的资金收支，容易引起税务部门的质疑，并且对以后账务核算留下隐患。如果定性为关联企业拆借，固然可以避开业务收入方面的嫌疑，但关联关系一旦暴露，日后业务往来的价格就可能被重点监控，以防患企业之间通过定价转移来转移利润，从而转移税收。

3. GZ省基地与HB省基地之间的款项往来，须从长计议

HB省基地投产后，相当一部分产品的销售，还需要GZ省基地支持，甚至需要通过GZ省基地的网络进行销售。这两个企业在节税方面，可以相互防护。那么，在两个基地的资金往来方面，就需要从长计议，尽可能做得完善。涉及资本性款项，尽可能以股东名义进入 HB 省基地，将来涉及商品销售款的往来，尽可能以私人卡的形式往来。比如 GZ 省基地往 HB 省汇款 871 万元，目前是体现在对公账户上面，其实如果体现在股东个人头上会好一些。我们能够从私人卡上取钱，再用到私人卡上，可以减轻 GZ 省基地外账资金收入量的压力。（目前因为外账销售收入量的控制，账面资金就明显不足，账面上常常支大于收，采取私人卡"体外循环"，就可以减轻外账收支平衡压力，如图 2 所示。）

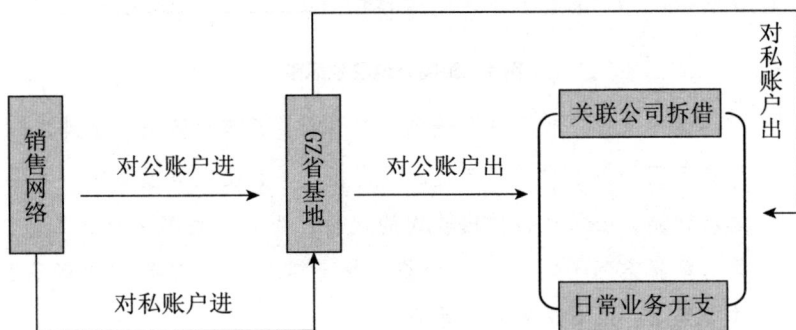

图 2　资金收付路径

此外，股东设置是否安全？"影子股东"与注册股东之间，有没有私底下的约定，将来会不会产生纠纷？

（二）紧急应对机制缺位，突发检查被动接受

在财务办公室设置方面，我们做了一定的工作，内外账核算人员分开办公。但是缺乏从总体上规划的应对机制，尤其是电脑软件系统无法在几分钟内破坏，资料无法在短时间内转移，一旦遇上突击检查，就非常被动。

比如本次被举报，税务人员到公司后，将公司订货系统中的数据拷贝出去，将经销商名单拷贝出去，就是深刻的教训。如果我们事先有预防机制，比如做一套假的系统，将真系统存于服务

器上的数据在几分钟之间破坏掉，就不至于被拷贝出去了。

紧急应对机制，是由门卫、行政、财务等部门人员共同组成的秘密应急小组，相互配合，可以在几分钟时间内将数据全部破坏掉。

我们目前的情况可以这样形容：只要税务人员一进公司大门，就可以让我们举手投降，如图3所示。

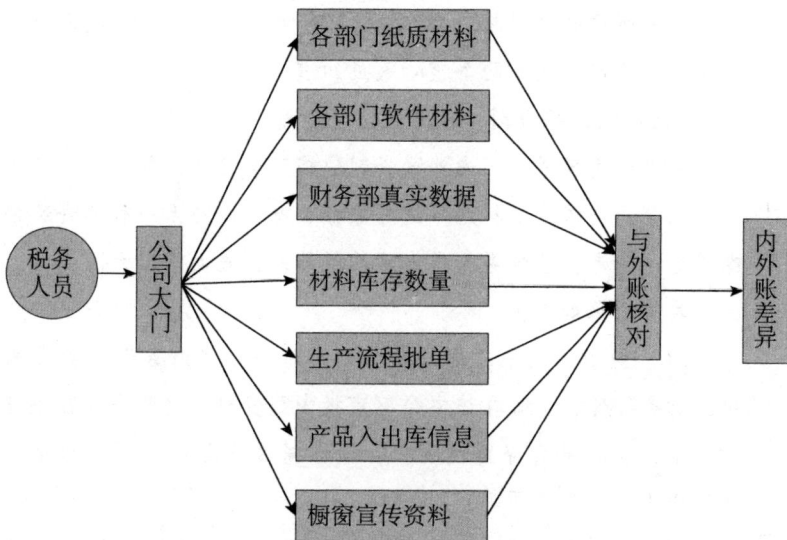

图3　目前脆弱的防范

（三）全员保密意识不强，信息压力不均衡

公司任何一个环节，都可能泄露真实的业务数据。比如员工人数、材料采购量、生产批量、领料数量、发货数量、运输费用、电力费用等，任何一个数据泄露，都可能让税务人员推算出真实的产值和销量。

应当强化全员保密意识，建立部门主管信息保密责任制，签订保密责任书。

(四) 信息资料未形成定期收集、另地保存的机制

我们的材料入库、出库原始单据保存在哪里？财务原始单据保存在哪里？产品收发原始单据保存在哪里？据我们了解，一般是现场保管。比如材料入库单和出库单，装订成小册子后，放在材料库一个桌子下面。据我们调研，这些资料一般要在那里存放较长时间。如果这期间，税务人员突击检查怎么办？

我们所称的"另地保存"，是保存于公司之外，知晓人员相当少，全公司只能一两个核心人员知道。

(五) 内外账资料、软件未完全分离

从安全角度考虑，内外账资料应该完全分离，并且从场地上严格划分，内账的资料绝不进外账办公室，以防万一有些资料混杂或忘记收走，让税务人员发现蛛丝马迹，进而牵出大问题。

具体问题如下：

(1) 受制于人手、场地等限制，对外的"财务部"办公室中，财务经理、主管在该办公室审批内账资料。这些资料在办理过程中，或者事后停留过程中，都难保百分之百安全（包括真实工资表、业务合同等）。

(2) 对外的"财务部"办公室电脑上，安装有内账的金蝶系统，外账会计的电脑上则是内外两套金蝶系统并存，虽然作了掩护，但遇上电脑高手，这种掩护是没有什么意义的。外账会计电脑上，还可以查询生产系统、订货系统、OA 系统。这也是需要分开的。

形象地说，内外账纸质资料和软件系统，均要划一道"楚河汉界"，两者如象棋的"象"一样，不能越界。最后的办法，就是办公室完全分开，电脑完全分开。

二、财务账表类

在财务账表方面，财务部做了较多的工作，但不完善的地方仍然不少。我们报给税务部门的报表，是税务部门判定是否存在税务问题的最直接的依据。我们至少要做得"好看"。

（一）报表问题明显，一查就是大问题

我们的外账报表，即上交税务部门的报表，问题十分明显，税务人员不用看账，即可知道有大量销售收入隐藏。每年税务部门筛选例行检查对象时，通常会调出企业的报表来看，如果一眼就看得出报表的问题，必然会被列入检查对象，而且可能列为重点对象。税务部门一般是4、5、6、7月进行例行检查。另外，每年进行所得税汇算清缴时，税务部门也会调出企业报表来看，一眼看出问题的报表，会引起税务人员的重视，甚至专门立案检查，将许多问题一并带出来。

税务人员只要不进公司来，很多问题都好处理。一旦进入公司，抓走一些真实材料，我们就被动了。所以，我们不能让报表成为"引狼入室"的诱饵。

我们以2011年10月的外账报表为例，至少可以看出七大主要问题，具体内容如下所述。

1. 预收账款明显隐藏收入

预收账款高达3 801万元，而累计销售收入才5 579万元，说明有相当一部分销售收入没有确认。经查账目，佳美、富食、富丽等商场我们自己的专柜，刷POSS回款1 780万元，这些钱银联自动转到对公账户，不得不入账，但为了少缴税又不能确认销售收入，就挂在了预收账款上（在核算时，体现在应收账款的贷方）。

2. 资本公积处理不正常

资本公积高达2 893万元，一看就让人生疑。经了解，原其他应付款中，有××公司借给我公司的钱，在别人建议下，直接转资本公积。而这个××公司并非我公司股东，其作为法人实体现在已经不存在，原法人代表为邹××。进一步了解，这笔钱本身属于公司董事长，属于老厂拆迁补贴收入，未入公司账目。负债科目直接转资本公积，是明显的错误处理。

根据《企业会计准则第16号——政府补助》的规定，政府补助是指企业从政府无偿取得货币性资产或非货币性资产，但不包括政府作为企业所有者投入的资本。企业在收到政府搬迁补偿款时首先要区分政府补助和政府资本性投入，对于政府补助，又分为与资产相关的政府补助和与收益相关的政府补助。

对于政府作为企业所有者投入的资本性投入，应按照《企业会计准则——应用指南》的规定，在专项应付款核算，待工程项目完工形成长期资产的部分，借记"专项应付款"，贷记"资本公积——资本溢价"，对未形成长期资产的部分，借记"在建工程"等科目，拨款结余需返还的，借记"专项应付款"，贷记"银行存款"。

根据《企业会计准则解释第3号》第四条规定，对于企业因城镇整体规划、库区建设、棚户区改造、沉陷区治理等公共利益进行搬迁，收到政府从财政预算直接拨付的搬迁补偿款，应作为专项应付款处理，即参照上述规定先作为政府资本性投入处理。其中，属于对企业在搬迁和重建过程中发生的固定资产和无形资产损失、有关费用性支出、停工损失及搬迁后拟新建资产进行补偿的，应作为政府补助，自专项应付款转入递延收益，并按照《企业会计准则第16号——政府补助》进行会计处理。企业取得的搬迁补偿款扣除转入递延收益的金额后如有结余的，应作为国家资本性投入，计入"资本公积"科目。

从上面这些法规看，补贴当中作为资本性投入可以作为资本公积。但问题是补贴收入名义上是给固家的，这就不能直接转进资本公积（这是我们吃的一个亏）。这里还涉及税收问题，根据新企业所得税法及其实施条例，搬迁补偿款不属于税法所列举的免税收入范畴，搬迁补偿款应是新企业所得税法第六条规定的补贴收入（其他收入的形式之一），应该缴纳企业所得税。

面对我们将名义上属于××公司的钱，直接转到资本公积，而且现在××公司已经不存在。税务局可能认定这笔钱为"确实无法偿还的应付款项"，即其他收入，让我们缴纳企业所得税。

3. 其他应付款居高不下

税务人员在查收入隐藏时，"其他应付款"科目是重点关注对象。其他应付款 1 957 万元，经了解其中约 1 143 万元是私人银行卡转入资金，实际上也就是未确认的销售收入。另外我们给银行做回报，找资金公司融资，形成单边账 531 万元。

4. 利润表显示回报太低，引起税务关注

外账报表营业利润率 = 19 万÷5 579 万×100% = 0.3%，销售纯利润率 = 10 万÷5 579 万×100% = 0.18%。对于一个快速成长（总资产急剧增加，报表显示年初 1.2 亿增长为 10 月末的 2.8 亿）的企业，对于一个对外大规模投资（公司橱窗有这方面的宣传）的企业，这样的回报显然不可能。税务部门一旦认为我们的回报与发展态势不符，必然怀疑我们有收入未入账，即通俗说的"体外循环"——你的支出哪来的？就是收入不入账，直接支出了。

5. 预付账款居高不下，融资形成单边账的情况突出

我们给银行作回报，做半年期的定期存款，金额近亿元。相对应的，我们开出了同样额度的承兑汇票。钱本身是外部"资金公司"的，但资金公司自始至终没有露面，我们在做回报存款过程中，货币资金增加，负债也增加。但因为资金进来和归还挂在不同的企业上面，比如进入挂"应付账款——A 公司"、出去时挂"应付账款——B 公司"，最后导致 A、B 两个公司的往来账一直单边挂着，销不了账。

税务部门有理由这样怀疑：这钱是哪来的？是不是隐藏的销售收入？虽然我们最后也许可以说得明白，但毕竟会耽误很多精力。我们在处理单边账时，直接写一个委托书，将 AB 两个公司的账对冲。税务部门完全可以这么提问：如此大金额的往来账，凭什么你一纸委托书就消化了？

税务局第一种认为是：我们隐藏的销售收入在外面转了一圈后，进入了公司对公账户。这种"转圈"是洗钱的手法之一。第二种认为是：A 公司这笔钱，是"确实无法偿付的应付款项"，需要作为其他收入纳企业所得税。

6. 综合税负率偏低，引起怀疑

从报表上看，公司综合税负率偏低。税务部门在筛选检查对象时，税负率是一个重要的参考指标。我们可否降低销售额，从而提升相对的税负率？

7. 总资产与实际相近，总资产回报低

通常来说，隐藏收入的同时，也需适当隐藏资产。如果资产全部反映在账上，而收入隐藏太多，就形成了"大公司做小生意"的情形。

在我们对外的资产负债表中，基本上全部反映了公司资产，

这样，总资产回报率 = 10 ÷ [（28 408 + 12 291）÷ 2] × 100% = 0.05%，对于一个到外省大额投资的企业，而且是知名企业，这样的回报率，显然说不过去。

上面七大项问题，如图 4 所示。

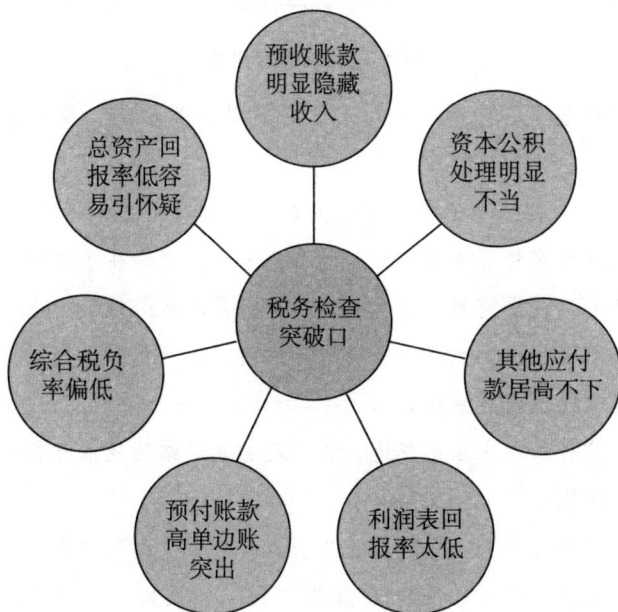

图 4　财务报表显示的七大问题

节税是一个系统工程，降低税负是第一个环节，倒推过去，是隐藏收入、隐藏销售、隐藏产量、隐藏采购、隐藏资产规模（图 5）。任何一个环节未联动，整个链条看起来，就像一条吞下大象还没有消化的蛇一样，问题是明摆着的。

（二）对外账目与业务脱节，一核对就暴露虚假

目前，财务部核算对外账目的会计仅一人。人手不足，业务部门支持不够，导致对外账目的原始依据和业务部门的原始

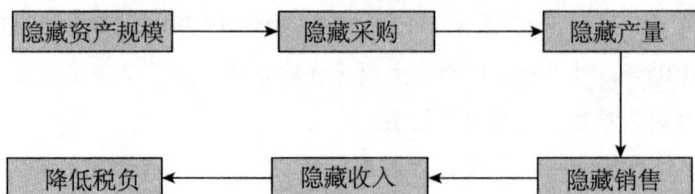

图5　各环节联动节税

依据明显不符，稍一核对，便可发现作假痕迹。具体包括下列问题。

1. 材料采购比重、成本比重（材料消耗比重）不配比

在外账处理方面，开了发票的采购，就列在了账上，没有开发票的，就没有列。这样处理，在数量上就必然不配比。在一个较长的时间内，比如一个会计年度内，各种材料采购比重，大致和成本比重是一致的。

这种采购比重不配比，进而就影响了结转成本时各种材料消耗不配比。

税务人员要查账时，首先会看"料"、"工"、"费"三者比重是否配比，然后会进一步分析"料"中间面粉、鸡蛋、食用油等占成本的比重是否配比。这种配比关系，就相当于"配方"，在不同月份之间，还需要相对固定。不配比，或者配比关系时常变动，很容易被发现有问题。

曾经发生过这样的案例，某著名企业因为包装箱可以开具进项增值税发票，就大量入账，结果闹出了一件产品平均使用3个包装箱的笑话。税务局认为隐藏了2/3的收入，一查果真如此。

费用不配比方面，电费是明显的例子。电费是开在一张发票上的，这些电费可能实现1亿元的产值，而我们外账可能只反映

了5 000万产值。

2. 合同管理不安全，一查就可能暴露实际采购量

原始采购合同有专人管理，这本身是好事情。但是，如果税务人员来了，要求看采购合同，怎么给他们？全部给当然不行，给哪些又不知道。

保险的办法是外账人员保留一部分合同的复印件并自行手工编号，这些合同与自己的账目相对应，税务人员来了，就给他复印件。如果他要原件，就说管理人员不在，事后再补。

3. 外账材料入库单、出库单与业务单据不一致

外账核算需要的材料入库单、出库单均是××一人自己制作。首先，内容上和业务部门肯定不一样，另外，签字方面也出入很大（库管人员姓名、笔迹与实际不符）。

材料库房的入库处理流程是：材料送到，库房录入金蝶系统并打印入库单，叫送货人签字。财务外账处理则是××自己录入金蝶系统后，打印出来，由××自己签字，送货人的名字是虚构的，每张入库单的签字笔迹也全是一样的。

材料库房的出库处理流程是：领料人员填写手工领料单，找主管签字后，到库房来，派驻库房的会计人员将手工领料单录入金蝶系统并打印出来，打印出来后，领料人员签字，库房凭签字后的打印领料单发料。财务外账没有制作手工领料单，是自己按需要量录入金蝶系统，相关人员的名字全是电脑录入，没有手工签字。

如果税务人员到材料库房提取一张原始单据，再到外账会计处核对，就发现问题了。可以如此形容：库房一张小小的领料单，就可以让我们外账"全军覆没"。

4. 月末盘点表与实际盘点表相似度低

月末，外账会计××自己做一个盘点表，并签字（由财务人员签字，未找库管本人签）。库房肯定保留有真实的盘点表，如果税务人员索取库房的盘点表，与外账会计的一核对，又发现了问题。建议做得更真实一些，甚至附一些手工填写的工作底稿。

5. 成本结转原始依据不足

因为外账会计缺乏生产部门的支持，在结转成本方面，只能闭门造车，结果造成两大问题：一是上面提到的成本项目之间比重不配比；二是缺乏原始依据。税务局在查所得税时，会重点关注成本结转，如果拿不出相应的原始依据，就可能面临深入检查。如果税务人员深入到我们生产部门，一个一个进行批单清理，岂不把我们的家底都盘清了？税务部门每年都会委托税务师事务所查账，这些税务师事务所为了"好好表现"、"体现业务水平"，常常是狠狠地查，什么老底都会翻出来。

6. 成品入库、出库原始依据与成品库房不相符

外账会计的成品入库、出库单据，都是自己在金蝶系统制作的，没有业务部门人员的签字，内容和格式均不一致。发货科实际办理成品入库时，使用的是生产系统，没有办理入库单，出库时，在发货系统打印了一张发货单，并由承运人签字。

如果税务人员在成品库房提取单据，与外账会计核对，问题又暴露出来了。

7. 费用报销缺乏白条，内账提供单据时，未复印留底

任何一个企业都免不了有各种白条，没有白条或白条太少都是不正常的。外账白条太少，应该适当多做一些。这样也是为所得税汇算主动留"尾巴"，税务人员来了，总得抓点尾巴回去交差，如果抓不到小尾巴，就只好深入检查抓大尾巴了。某著名企业外账销售收入几个亿，费用方面竟然没有一张白条，各项纳税调整项目也是天衣无缝，这种做得"太好"的外账，反而让税务人员觉得不正常，税务人员只好深入检查，结果查出大量逃税行为。

内账将原始单据提供给外账时，内账应该复印一份，在复印件后面签上"原始交外账"。这样做，一方面便于内账查账，另一方面避免报销过程中出现舞弊行为。公司规模进一步扩大后，不可能笔笔由总经理来签了，管控需要更严密。至于复印工作量大的问题，应该通过调剂人手来解决。

上述七大项问题，如图6所示。

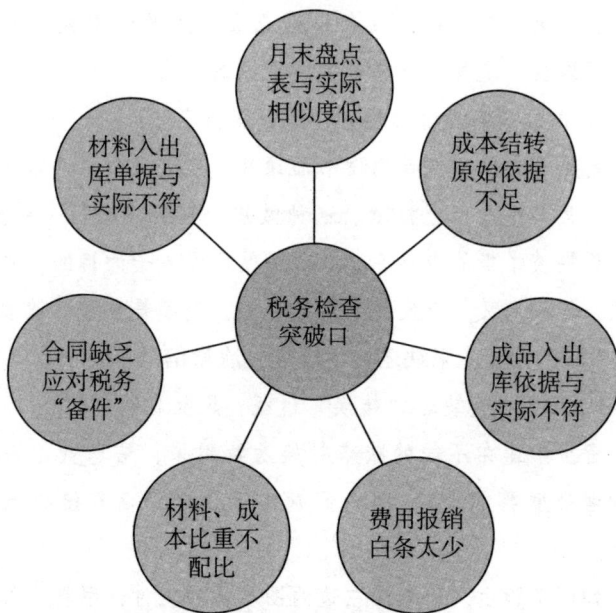

图6　外账存在的问题

三、资金流转类

公司最近被举报，就是资金流管理出的问题。在这方面，公司虽然作了一些防护措施，但仍然做得不够。

(一) 私人银行卡管理不健全，"隐私"公开化

私人银行卡是我们消化账外销售收入的渠道，应该重点监管。这从目前调研的情况看，有下列问题需要改进。

1. 卡的数量不够

全国经销商都往为数不多的几个卡打款，经销商之间一交流沟通，就把我们全部的卡暴露出去了。

2. 卡未定期更换

卡上的流量越大，风险就越大，使用时间越久，风险也越大。我们要定期更换，或者根据流量大小及时更换。更换银行卡，可以在一定程度上起到销毁证据的目的。

3. 向经销商发书面通知，暴露银行卡

前期有部门给经销商发书面通知，还盖上公司的印章，叫经销商往某某个人卡上打款。这种做法，直接将银行卡暴露出去，也是近期被举报的重要原因。我们使用私人卡的目的，就是为了隐藏，但我们又广泛发放盖章的通知，这不是自暴"隐私"吗？

(二) 资金往来缺乏科学规划，流量信息不安全

1. 资金中途缺乏"转换"过程，风险直达总部

资金中途在不同的账卡转换次数越多，信息就越安全（当然管理难度会加大），而我们基本上是经销商直接打入总部的卡上。

如图7所示，如果按左边的图层层转支付，甲就不知道钱最终去了哪里，若是按右边的图支付，甲就知道钱去了哪里，显然左图显示的方式更安全（从信息角度看）。

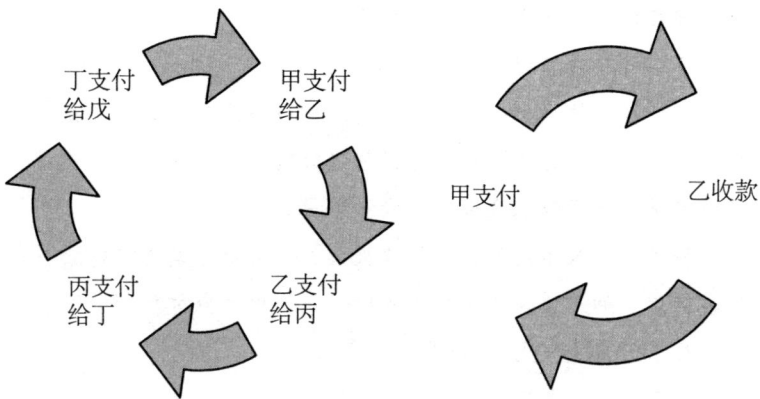

图 7　资金去向信息安全对比示意图

2. 私人卡和公司对公账户发生往来

私人卡属于秘密卡，绝不要与对公账户发生直接的资金划转。当公司"出大于入"，需要钱时，只能不嫌麻烦，提现再以股东借款方式进入外账账目，或以其他方式进入。总之一句话：私人卡是不能露面的。

四、信息流转类

1. 软件系统处于"无防"状态

公司有多套管理软件并行：金蝶内账、金蝶外账、生产系统、发货系统、OA 系统、新的生产发货系统。

OA 系统可能暴露我们的真实员工人数（目前已经整改），金蝶内账、生产系统、发货系统就可能暴露我们的真实财务数据和真实业务数据。员工人数和业务数据，都是税务风险存在的地方。

我们的服务器放在人事行政部，隐密性不高。系统数据采取服务器自动备份，没有每天刻录光盘另地保存，如果紧急情况下需要破坏数据，就会造成所有数据丢失。

我们的软件系统有许多工作站点，税务人员只要发现一个，就可以把我们的真实数据拷贝出去。如财务的金蝶系统，在每一个内账会计处、材料库房均可以获取数据。我们的生产、发货系统则更是包含了我们全部的产量和销量。

税务人员来了，不仅有权拷贝文件，甚至可以要求将服务器硬盘带走。如果面临这种强制手段，我们如何应付？

2. 业务数据处于"开放"状态

在每一个业务部门，都有各类报表、台账。这些资料大部分用电子版形式保存于电脑或移动硬盘，少部分打印成纸质文件交给上级主管。这些报表和台账缺乏统一的监管，一旦被税务人员获取，就可能导致巨大的税务风险。

下面是主要的一些报表和台账（不完全统计，名称可能有出入）：

采购部：入库日报表（从金蝶软件导出，电子版）、订货日报表（手工统计，电子版）、收发存月报（从金蝶软件导出，电子版）、付款计划台账（非金蝶软件产生，每周做一次，电子版）、应付款明细台账（非金蝶软件产生，每个月一次，电子版）、手续完善待付款台账（非金蝶软件产生，电子版）。

分厂、制造中心总监：在制品流程日报表（电子版加手工版，存放总监办公室）、产量日报表和月报表（电子版加手工版，存放总监办公室）、流程盘点表（订单已完成订单统计，以及未完的在流程什么位置的统计，电子版）。

生产物控部：材料入出库报表（在金蝶软件中做）、产量表（在"制品和完工产品"中，电子版，打印出来交厂长）、流程追踪表（电子版）、交货延期考核表、成品按订单入库的流水账

（电子版）、发货按订单出库的流水账（电子版）、流程追踪表。

商务部：销售月报表、发货及时率月报表、专卖店变更统计月报表（店数目增减）、专卖店款项收支台账（记载支付了多少，欠多少）、商务订单管理表、物料发放报表、锁具销售报表。

营销中心总监：营销计划表、费用预算表、分区分域销售计划。

客户服务部：售后补件报月表、生产延期扣款台账（客户扣安装尾款）、售后对外赔付台账、全国回访报表、工程项目报表。

特渠部：销售明细台账（电子版）、项目状态跟踪表（电子版）、样品登记表（电子版）、报价统计表（电子版）、项目备案表（主要功能是避免大客户经理工作重复）。

人事部：员工花名册（电子版）、工资表（电子版）。

3. 真实信息资料"无处不在"

我们的真实信息资料，除了各业务部门正式文本存在，并且未集中收集、整理、保管和销毁外，一些零星的信息更是"无处不在"。

比如，我们下达的各类文件，透露着我们的业务计划、业务产出等信息；我们各位管理者办公桌上或抽屉里的文件资料，可能透露了我们的产能、销售网点；我们每一位管理者电脑中存放或者残留的各类电子表单，可能提示我们的产能；我们的通讯录上，可以看出公司真实的会计人数，而我们对外报的会计其实少于这个数；我们的宣传橱窗，提示我们在全国各地有经销商，而这些经销商中的一部分，我们外账上未必有业务往来；我们的报纸，也提示着各地经销商信息，税务部门完全可以从这些地方找到突破口，从而获知我们的真实信息。

特别需要提示的是：我们的纸质材料、电子文件、软件系统自动生成的凭证、报表、单据等，均含有公司名称。这些材料上的公司名称通通应该取消。如果没有公司名称，被外界获取了，我们完全可以不承认（没有印章）。

五、物流管理类

从物流环节，税务部门也可以截获真实的产量和销量，如图8所示。

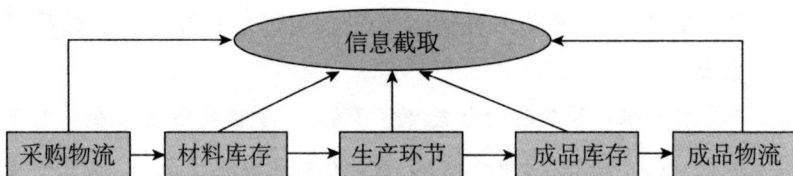

图8　税务人员从物流环节截取数据

1. 材料库房十分容易暴露真实产能

我们的材料库房集中在一个地方，靠近生产车间，从方便满足生产需求角度来说，这样安排是科学的。但从税务安全角度来说，这样做不妥当。税务人员一进入材料库房，通过材料盘点，就可以推算出我们的产能。如果同时获取我们的入库出库单据和台账，就更容易暴露。

2. 成品库房存在暴露销量和销售网点的风险

我们的产品，主要是按订单生产的。成品库房存在两大风险：一是税务人员来获取发货数据的风险；二是通过查看产品去向，发现我们的销售网点。

3. 物流运单的保管存在风险

运单是税务部门查证销售量的重要依据之一，也是查实销售网点的重要线索。我们对待运单，要像对待财务报表一样给予高度重视，统一收集、保管。

经销商因为掌握了我们的收款银行卡，可以向税务部门举报我们。物流公司如果掌握了我们的发货去向，当双方合作有分歧时，是否也存在举报我们的可能呢？

税务部门如果从发货科取得物流运单后，拿来与外账会计核对，很可能发现外账是假的。

4. 生产流程中的批单、台账、报表未统一管理

生产车间，是内部物流的重要环节。虽然因为生产工艺障碍，外面来的人看不出生产过程中的物流量，但如果获取了相关资料，比如计划单、台账、生产统计报表等，情形就不乐观了。

各个生产主管，都会接触到这些资料，这些资料的保管、收集，依然要像对待财务报表一样加以对待。

六、硬件设置类

1. 服务器机房安全系数低

服务器是存放公司核心数据最多最全的设备，其安全性居所有设备的首位。当重大举报出现时，税务人员可能要求带走服务器硬盘，甚至封存服务器。

我们的服务器存放于人事行政部，缺乏专人管理维护，也没有进行人工每日备份，更没有每天将重要数据备份并带走另地存放。

我们应该将服务器存放于更为隐蔽的地方，并确保每天的数据备份，带到另一个安全的地方存放。

2. 库房需要增加"防卫层"

库房防卫，一个措施是使"障眼法"，另一个措施是库房分散，尤其是设厂外库房，可以最大限度地避免材料数据被税务部门获知。

3. 财务部办公室设置安全系数需进一步提高

首先是内部财务室的隐密程度要加强，二是真实的财务数据要异地存放。现在核算工资的财务室门口，可能是为了便于工人寻找，门口贴有"财务部"字样。核算工资的部门，是产能信息的重要汇集点，其安全性不言而喻。

第五章

修筑防火墙第二步：设计方案

　　RH食品公司老板坚持走避税之路来降低纳税成本，汪先生自然只能顺着她的思路前进。经过深入调研后，汪先生出具了一份设计方案。现原文照录于下。

RH食品公司"避税防火墙"设计方案

目　录

第一部分　战略层面的防火墙

一、改变供应模式，在生产基地前端形成防火墙

二、改变销售模式，在生产基地后端形成防火墙

三、生产基地"复杂化"，提升自我保护能力

四、供产销联动，"体外循环"

第一部分　战略层面的防火墙

总体思路：企业法人网状布局，构建安全防护系统。

设立多个企业法人，通常是基于规模扩张、占领市场、融资需求等考虑，但有一种需求容易被忽视，那就是安全的需求。这里的安全，一是资产的安全，二是税收的安全。

我们现在有 GZ 省 RH 食品有限公司、GZ 省 RH 贸易有限公司、HB 省 RH 食品有限公司、HB 省 NK 食品有限公司、GZ 省 DH 食品有限公司。最后一个公司税务已经注销，建议工商也注销，现在运作合资企业，已经达不到节税的目的。

通常来说，生产基地资产、收入隐藏的难度要高得多，因为固定投资形成资产，明明白白地摆在那里。为此，生产基地就是重点保护对象，我们设置网状布局时，生产基地在"网"的中间。从与税务部门的情感关系来说，生产基地所在地关系融洽，而外地关系情感关系常常难以建立，为此，就要尽量让外地税务部门不能直接与生产基地发生关系。

这个网状结果如图1所示。

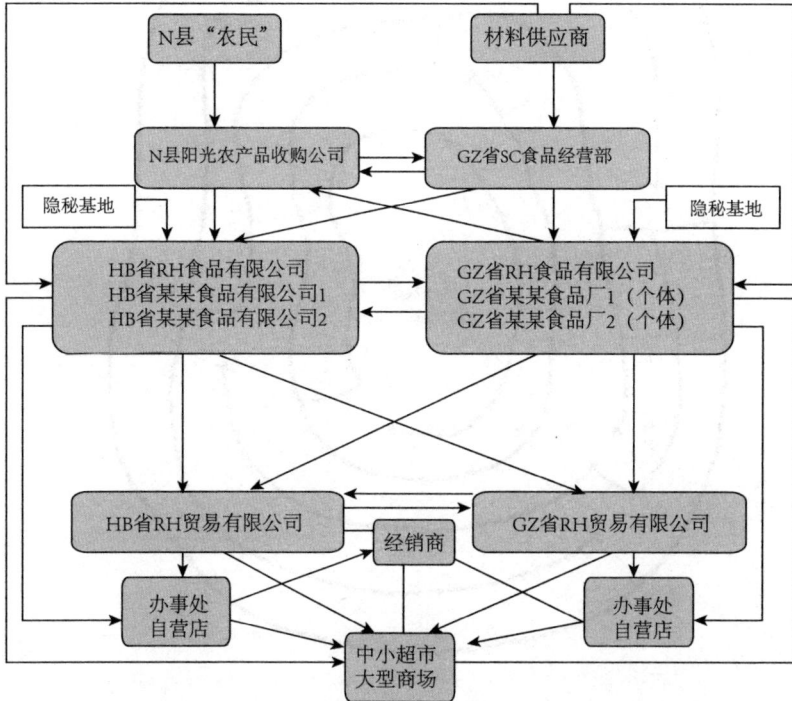

图1 新业务模式

需要提醒的是，法人之间，尽量不要参股，以自然人股东出现较好，在保证不引起纠纷的前提下，可以设"影子股东"。

供应商和客户将中间层隔开，最中间的生产基地就安全了。整个网状结构是一个"大迷宫"，税务人员一进来就晕头转向，从而给予我们充分的应对和"勾兑"时间，如图2所示。

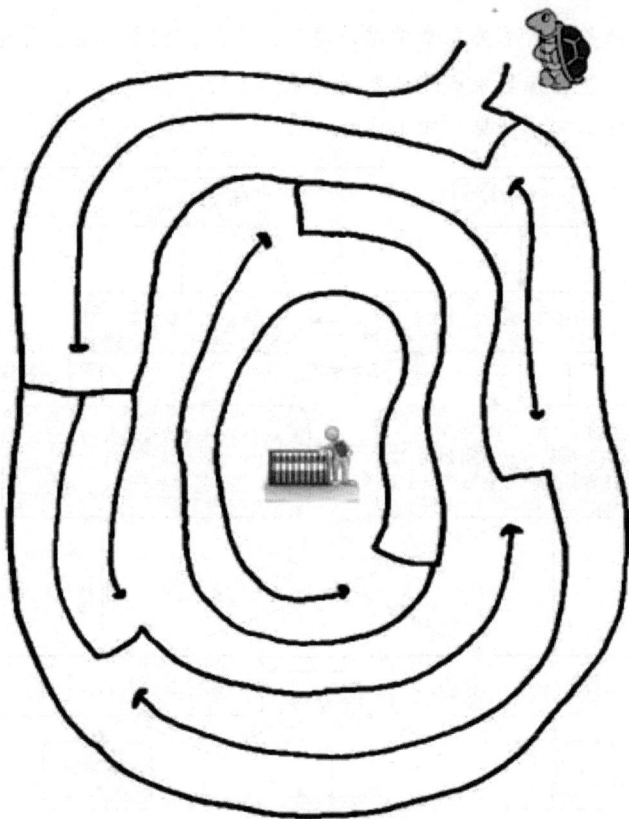

图2　网络布局安全效果

一、改变供应模式，在生产基地前端形成防火墙

节税的第一个环节，是隐藏采购量，因为采购量一旦隐藏了，产能和销售收入就有了隐藏的基础。直接与供应商打交道，面临着发票索取难、采购数量账面控制难等诸多问题。

1. 操作办法

第一步，N县注册一家公司，收购农产品，然后转卖给GZ省RH食品有限公司和HB省RH食品有限公司。该公司形式为有限责任公司，假设名字为"N县阳光农产品收购有限公司"(简称阳光公司)。

在收购农产品过程中，要求所有供应商提供农民的身份证。阳光公司向税务局申请农产品收购发票(注册时，将"农产品收购"列作经营范围)。

第二步，在GZ省某批发市场注册一家经营部，收购食品生产资料，然后转卖给GZ省RH食品有限公司和HB省RH食品有限公司。该经营部为个体工商户，假设名字为"GZ省SC食品经营部"(简称SC经营部)。

第三步，两家自己的供应商注册后，公司从3个渠道采购原材料：阳光公司、SC经营部、现有供应商。其中SC经营部，也可能从现有供应商那里进货。

上述步骤如图3所示。

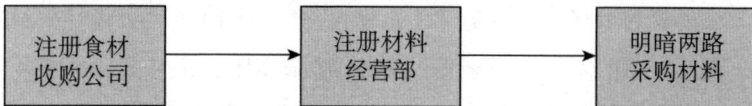

图3 供应模式的改变

2. 细节说明

(1) 注册的两家供应单位，无论从法人代表、股东，还是资金往来方面，均保持独立，不能有任何蛛丝马迹看出来是自己的企业。

(2) 两个供应单位中，一定要是一个有限公司，一个个体工商户。

（3）个体工商户性质的 SC 经营部，经营一两年就注销掉，再注册新的一个。或者同时注册几个，以降低每一个进货单位的供应量，只是多注册几个会增大管理成本。

3. 税收意义说明

（1）进项发票不足，一直是困扰我们的难题，这个难题通过成立阳光公司来解决。

阳光公司向农民（事实上是假农民）收购农产品，开具收购发票。这符合《中华人民共和国增值税暂行条例》第八条第三款规定："购进农产品，除取得增值税专用发票或者海关进口增值税专用缴款书外，按照农产品收购发票或者销售发票上注明的农产品买价和13%的扣除率计算的进项税额。进项税额计算公式：进项税额＝买价×扣除率。"

阳光公司收购的农产品，初加工后，以接近于进价的价格，出售给 GZ 省 RH 食品有限公司，并开具正式发票。

如此操作，既解决了 GZ 省 RH 食品有限公司的进项发票紧缺的难题，又保证了阳光公司的利润很低，纳税很少。假如阳光公司收购100万元小麦（不含税），进项税13万元，通过初加工后，以101万元（不含税）卖给 GZ 省 RH 食品有限公司并开具17%的销项发票（备注：当时增值税税率尚未下调），那么，阳光公司的增值税＝101×17%－100×13%＝4.17万元，这点税收付出，在我们的网状结构中，完全可以赚回来。

（2）成立个体工商户，协助 GZ 省 RH 食品有限公司隐藏采购量。

阳光公司因为要解决 GZ 省 RH 食品有限公司进项发票的难题，所有的采购和销售都是实打实的，不作隐藏。SC 经营部是个体工商户，销售给 GZ 省 RH 食品有限公司的材料，一般都不开发票。这样就既满足了 GZ 省 RH 食品有限公司的材料需求，又协助 GZ 省 RH 食品有限公司隐藏了采购量。

比如，GZ 省 RH 食品有限公司当月采购 1 000 万元，外账只需要反映 500 万元，这 500 万元中的 400 万元从阳光公司购进，100 万元从现有的供应商中购进（要求开具进项发票），另外 500 万元则从 SC 经营部"悄悄购进"，这悄悄购进的，只反映在内账上面。

（3）有限责任公司和个体工商户之间存在"税负落差"，方便税负转移。

有限责任公司实行查账征收税款，个体工商户实行核定征收税款，后者一个月可能就几百上千元。有限公司的税负高于个体工商户，这就如同河流的高水位和低水位，两者之间这有"落差"，如图 4 所示。本来应该在"高水位"缴纳的税款，流入"低水位"，而"低水位"是个体户，一个月缴几百上千元就过关了。假如从"高水位"悄悄流过来的税款是 100 万元，但税务部门并不知道，依然按几百上千元征收，我们不就赚了吗？

图 4　税负落差

（4）阳光公司和 SC 经营部之间，也偶尔发生业务往来。这种行为主要是相互掩护，从节省成本的角度来说意义不大，只是偶尔这样做。

4. "三流"线路

(1) 资金流：其走向如图5所示，箭头表示付款方向。

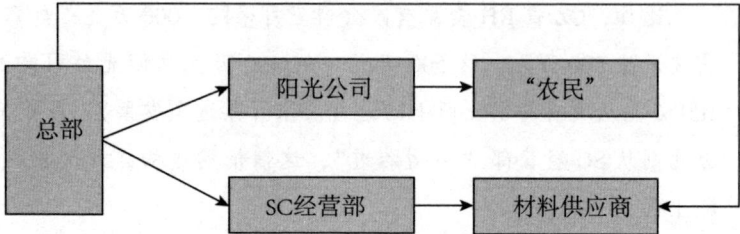

图5 采购资金流

(2) 物流：其走向如图6所示，箭头表示运输交货方向。

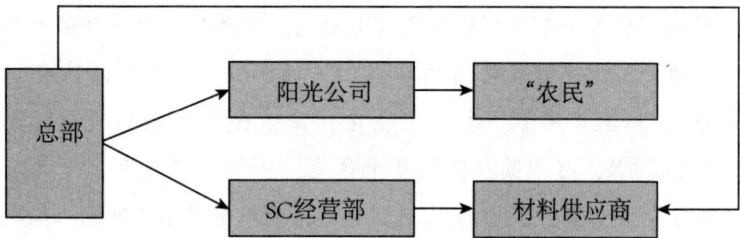

图6 采购物流

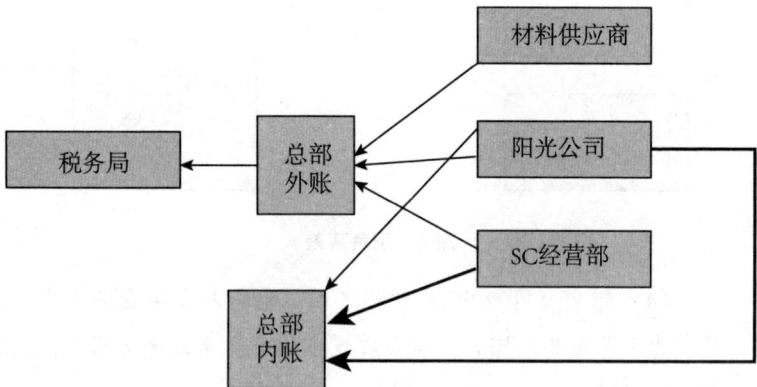

图7 采购信息流

（3）信息流：其走向如图7所示，信息分为明信息和暗信息，前一部分可以给税务部门，后一部分内部掌握。箭头方向表示信息传递方向，箭头粗细表示信息量大小。

5. 工作计划

供应模式的改变，包括注册两个法人实体、供应商重新分配和增减、管理人员和会计人员到位。责任单位和时间进度见表1。

表1　供应模式改变工作计划表

工作内容	责任单位	完成步骤和时间		
		第1步	第2步	第3步
注册两个法人实体	财务部	3个月		
供应商重新分配和增减	采购部		1个月	
管理人员和会计到位	人事行政部			1个月

二、改变销售模式，在生产基地后端形成防火墙

1. 现有销售模式

我们现在的销售模式是：大部分是通过经销商转售给中小超市，其次是由公司直接销售给大型商场，再次是通过自营店销售给中小超市或零售客户，如图8所示。

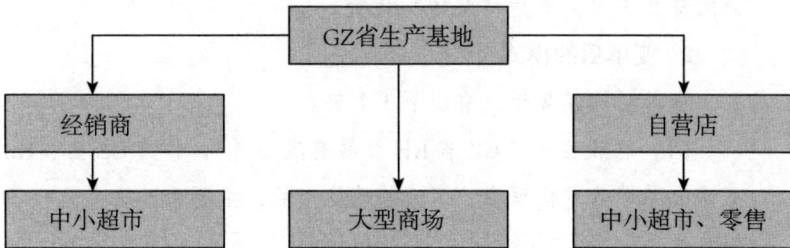

图8　现有销售模式

这种销售模式有 4 个明显的问题：

（1）市场控制在经销商手里，我们对市场的控制力度弱，尤其是省外市场。我们目前的经营模式，决定了经销商不需要大量屯货，不需要积压资金，如此一来，经销商"跳槽"的代价就很低，容易流失。

（2）售前、售后服务功能，均集中于总部，服务难度大，响应速度慢。

（3）信息安全度低，经销商掌握我们的信息，如果举报我们，我们很被动。即使经销商不举报我们，他自己出了税务问题，也很容易牵连到我们。比如，某省外经销商偷税，当地税务局发现了，税务局必然要查他的进货量，这个进货量需要到他的上家来查，一纸协查函发到 GZ 省，GZ 省的税务人员就立即赶到了我们生产基地。

（4）直接与大型商场发生业务往来，经营风险加剧。大型商场虽然从交易量上来看，是"大客户"，但交易和收款的难度都相当大，占用的资金量和占用时间也大。作为休闲食品，销售散客应该是我们的主要目标。我们可以把一部分大型商场客户，尤其是省外商场客户交给经销商去实施，我们协助他们。经销商开发大型商场，一方面有利于经销商成长，另一方面，加大经销商的资金占用，提高"跳槽"代价。

2. 变革后的模式

变革后的销售模式有以下 3 个要点：

（1）已设立的"GZ 省 RH 贸易有限公司"，作为 GZ 省、HB 省两大基地的总代理商，两大基地的产品，主要通过这个总代理销售出去。

（2）待 HB 省基地投产后，设立"HB 省 RH 贸易有限公司"，作为 GZ 省、HB 省两大基地的第二个总代理商。HB 省 RH 贸易和 GZ 省 RH 贸易可以通过地域来划分市场。

大型商场往往不愿意与中间商打交道，并且对资质要求较高，对这类客户，我们仍以生产基地与其合作。

（3）分区域设立办事处，同时在当地开一家自营店。办事处不注册，自营店注册为个体工商户。如果遇当地税务和工商检查，就拿个体工商户执照应付。办事处主要负责当地市场售前、售后服务，以及当地市场开拓。

变革后的销售路线有以下 8 条：

第 1 条：两大生产基地的产品直接销售给基地所在地中小超市、大型商场。

第 2 条：两大生产基地的产品移库各个办事处和自营店，由办事处和自营店销售给中小超市、大型商场。

第 3 条：两大生产基地的产品移库各个办事处和自营店，由办事处和自营店销售给经销商，再由经销商销售给中小超市、大型商场。

第 4 条：两大生产基地的产品销售给两大总代理商即 GZ 省 RH 贸易有限公司和 HB 省 RH 贸易有限公司，两大代理商销售给经销商，再由经销商销售给中小超市和大型商场。

第 5 条：两大生产基地的产品销售给两大总代理商即 GZ 省 RH 贸易有限公司和 HB 省 RH 贸易有限公司，两大总代理商直接销售给中小超市和大型商场。

第 6 条：两大生产基地的产品销售给两大总代理商即 GZ 省 RH 贸易有限公司和 HB 省 RH 贸易有限公司，两大代理商再通过办事处、自营店转销给中小超市和大型商场。

第 7 条：两大生产基地的产品销售给两大总代理商，即 GZ

省 RH 贸易有限公司和 HB 省 RH 贸易有限公司，两大代理商再通过办事处、自营店转销经销商，经销商再卖给中小超市和大型商场。

第 8 条：两大生产基地的产品销售给其中一个总代理，这个总代理转售给另一总代理，由后一个总代理销售给客户（或自营店，或经销商）。这一路径主要是从安全角度考虑，达到"混淆"资金流的目的。

上面 8 条路线看起来很复杂，我们分拆开来，就一目了然了，如图 9 所示。

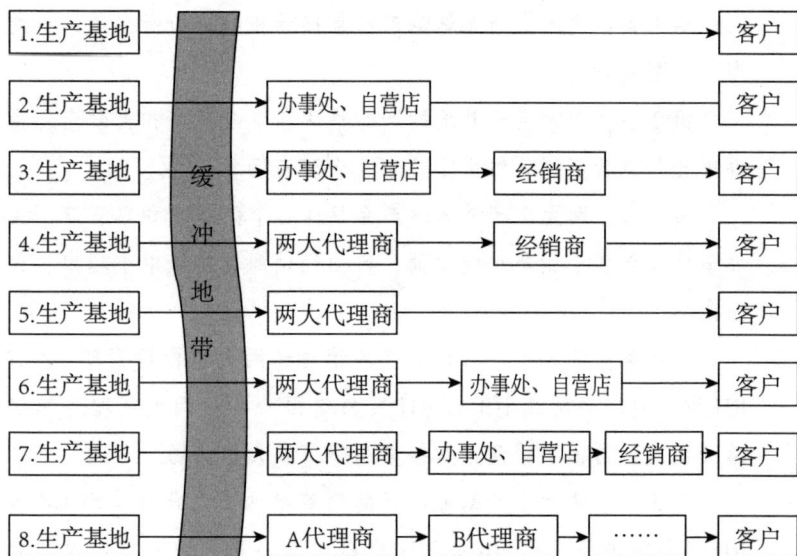

图 9 8 条销售路线

3. 细节说明

（1）贸易公司需要使用"RH"品牌，以便于利用品牌影响力进行销售，同时反过来推动品牌发展。

（2）经销商不再直接与生产基地打交道，经销商的上家是两大总代理商或当地办事处。(名义上是当地自营店，各种合同、票证往来，均以自营店名义出面，涉及开具发票时，再另案处理。办事处不注册。)

（3）经销商不再直接打款给生产基地。

（4）经销商打款方式要进行改革。原来是经销商打款到生产基地指定的私人卡上。现在改为：经销商以自己的姓名办理银行卡，该卡交由各办事处或总代理的出纳保管。当经销商要订货时，请他将预付款存进以自己姓名开户的银行卡上，此钱由办事处或总代理出纳通过网银转入公司隐秘的私人卡上。

4. **意义说明**

（1）为什么要设贸易公司和办事处？设立贸易公司和办事处，一方面是为了加强市场控制力度，另一方面是为了在生产基地和市场之间构建一道屏障。当某个经销商出现税务问题时，税务部门最多查到经销商的上家，即贸易公司或办事处（实为自营店），不太可能查到总部（生产基地）来。如图 10 所示，我们占领多少个城市市场，就有多少家税务局对我们形成威胁，这么多税务局如何应对，只有修筑"万里长城"。

（2）为什么设办事处同时要设自营店？办事处物流和资金流的量往往都较大，如果不设法人实体不纳税，则有风险，而且不具备"屏障"功能；如果设立法人实体照章纳税，税负又太高。设立自营店，增加销量只是次要功能，主要功能在于解决法人实体问题，有了法人实体，可以起到"屏障"功能，但因为是个体户，纳税又很低。

（3）为什么要设两个贸易公司？设立两个贸易公司，一方面是市场区域考虑，缩短运输半径；另一方面也是出于安全考

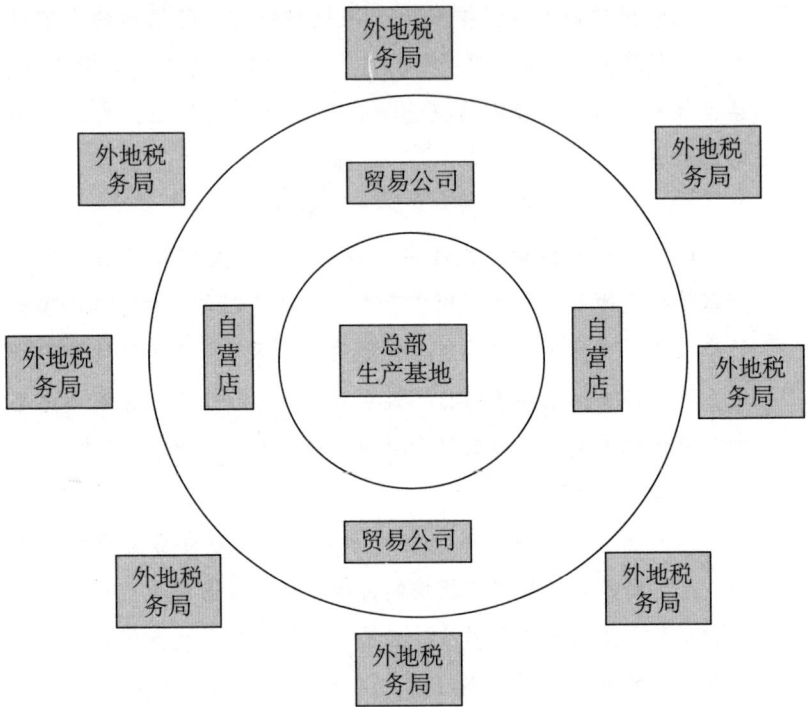

图 10　对外地税务部门的防卫

虑，两个贸易公司可以相互掩护，两者之间相互调货，同时又存放着部分经销商的货、客户的货，这就搞得非常复杂，让税务人员如同进入了迷宫。

（4）为什么要改变打款方式？经销商不是想举报我们吗？现在银行卡是他本人的姓名，而且钱转走时，是通过网上银行转的，转到一个陌生人卡上，他又去举报谁呢？公司隐秘的私人卡不对外公开，并且定期更换。如此一来，经销商根本就不知道钱转何处去了。在这种方式下，一定要将经销商卡上的钱转走后，才能确认预付款，以保证资金安全，因为对方完全可以通过银行卡挂失等方式把钱又取回去。

5."三流"线路

（1）资金流。资金流线路如图11所示。

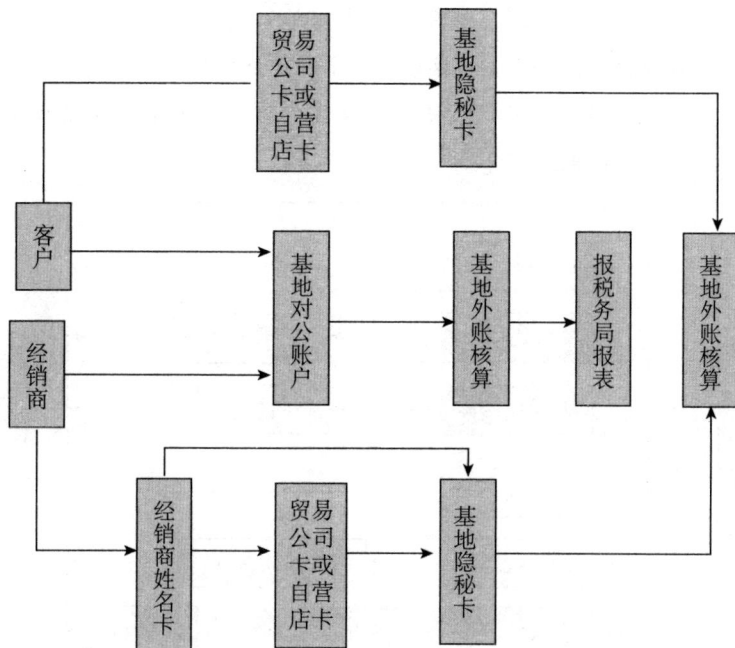

图11　新销售模式下销售资金流线路

先说开发票部分的收入，如果是直销，则由客户转入公司对公账户，或者由经销商转入公司对公账户。

如果不开发票，只在内账上反应的收入，如果是直销，则由客户转入贸易公司或自营店隐秘卡上，再由出纳转入生产基地隐秘卡上。如果是经销商销售，则经销商将钱存入以他本人开户的银行卡上，我公司出纳将钱转入隐秘卡上。

这里的出纳包括几个层次的出纳：如果是直销，则是生产基地的出纳，如果是通过贸易公司销出去，则是贸易公司的出纳，如果是通过办事处、自营店销售出去，则是办事处、自营店的出纳。

我们可以看到，总部（生产基地）的隐秘卡，无论是客户还是经销商，都不直接接触，也不了解任何信息。

（2）物流。物流线路和前文我们讲到的 8 条销售路线是一致的，如图 12 所示。

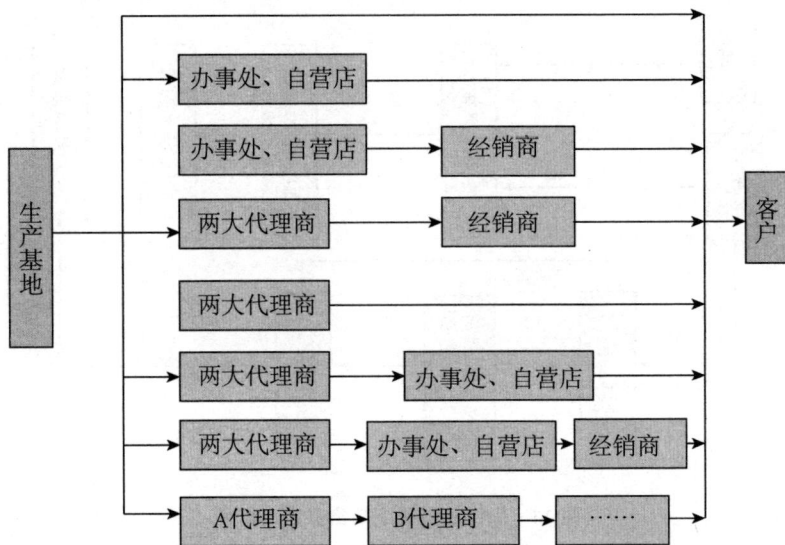

图 12　新模式下销售物流线路

（3）信息流。信息流线路如图 13 所示。信息流和资金的保密程度是一样的，外账信息流处于外围，内账信息流处于中间，知晓范围小得多。这里有一个重要原则：无论是客户还是经销商，涉及不开发票那部分收入，都不直接和总部商务打交道。图中圆角矩形（虚线）框住的商务和会计，是最核心的信息掌握层，高度保密，人员须高度忠诚。

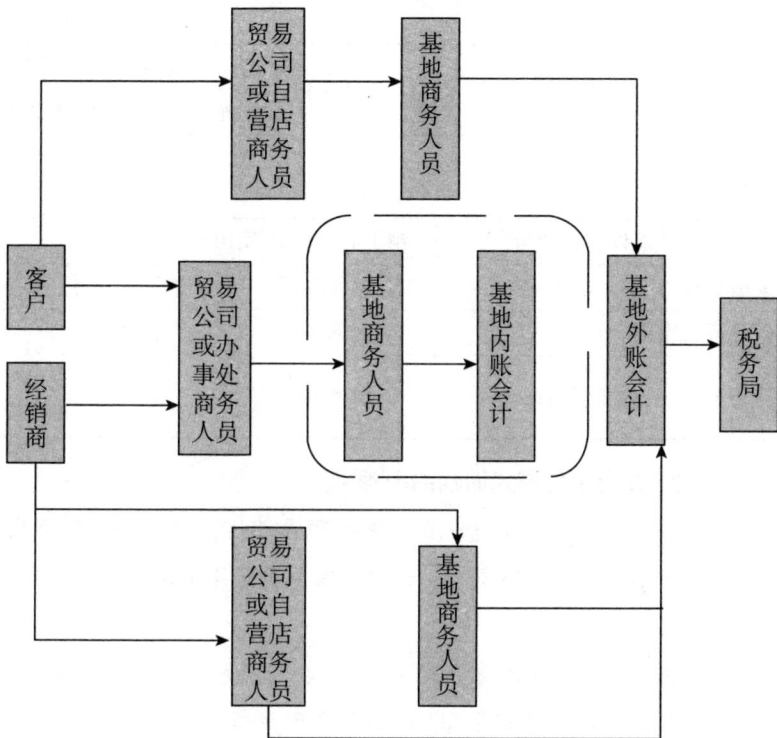

图 13　新销售模式下信息流线路

6. 工作计划

销售环节设置屏障，涉及销售模式变更、企业法人注册、办事处和自营店设立、核算模式变更、人员到位等工作，具体见表2。

表2　销售模式改变工作计划表

工作内容	责任单位	完成步骤和时间		
		第1步	第2步	第3步
注册 GZ 省 RH 贸易有限公司（已完成）	财务部	——		

工作内容	责任单位	完成步骤和时间		
		第1步	第2步	第3步
GZ省设立自营店（个体户）（已完成）	营销中心	——		
外地设立办事处、自营店	营销中心、财务部	10个月		
人员到位	人事行政部	9个月		
核算模式变更	财务部		1个月	
注册HB省RH贸易有限公司	财务部			视HB省进度

7. 改变销售模式面临的困难

按上述要求大规模设置办事处和自营店，面临着几大挑战：人才跟不上、资金跟不上、远程控制能力跟不上。

怎么办？

我们可以从 GZ 省开始实施。模式一定要改，只是先近后远、先易后难、先少投入，成熟了再逐步推广。若先从 GZ 省实施，则可以这样做，如图 14 所示。

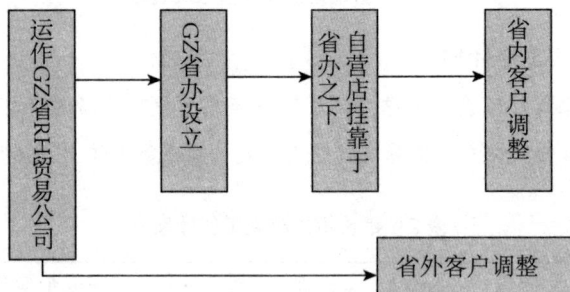

图14　GZ省销售模式的变更

第一步，将 GZ 省 RH 贸易有限公司运作起来，将现有营销中心班子中的大部分移至该公司。

第二步，将 GZ 省办事处成立起来，与 GZ 省 RH 贸易有限公司同地办公。

第三步，将现有自营店中的一个置于 GZ 省办事处之下。

第四步，将省外客户和经销商置于 GZ 省 RH 贸易有限公司之下，不再直接从总部发生交易（大型商场除外）。

第五步，将省内客户纳入 GZ 省办之下，不再与总部发生交易（大型商场除外）。

按此操作，涉及不与总部发生直接交易但需要总部开发票的，作特案处理，物流和资金流均与总部临时发生往来。

从 GZ 省开始，下一步再推广到全国，那么，工作计划就有所调整，见表 3。

表3 销售模式改变工作计划表（先 GZ 省后外地）

工作内容	责任单位	完成步骤和时间		
		第 1 步	第 2 步	第 3 步
注册 GZ 省 RH 贸易有限公司（已完成）	财务部	1 月租房		
GZ 省设立自营店（个体户）（已完成）	营销中心	——		
贸易公司、班子到位	人事行政部	1 个月		
贸易公司、核算模式到位	财务部	1 个月		
外地设立办事处、自营店	营销中心、财务部		10 个月	
外地办事处、自营店人员到位	人事行政部		9 个月	
整个核算模式变更	财务部		1 个月	
注册 HB 省 RH 贸易有限公司	财务部			视 HB 省进度

三、生产基地"复杂化"，提升自我保护能力

一个企业隐藏税收问题的容易程度，随着下列几个因素的提

升而提升：

一是业务复杂程度，越复杂越容易隐藏；二是生产基地分散程度，越分散越容易隐藏；三是库房分散程度，越分散越容易隐藏；四是销售通路复杂程度，越复杂越容易隐藏（前面已经讲到）。可以形象地用图15来表示。

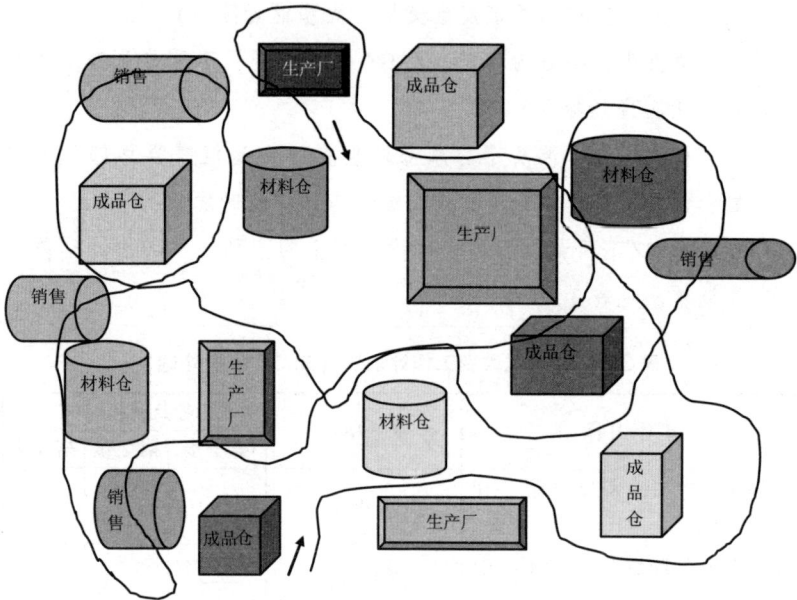

图15　企业复杂化

我们在前端（采购环节）、后端（销售环节）设置屏障，并不表明我们就安全了，我们还要让总部（生产基地）复杂化，从而提升自我保护能力。因为前后屏障只是把外地税务局挡住了，本地税务局并没有挡住。

1. 生产基地分散化，设隐秘基地

要安全，就要牺牲面子。将所有基地放在一个工业园区内的确气派，而且有面子。但这样很不安全。你占地这么多，税收有多少？在我们成为上市公司，需要完全规范时，再讲面子不迟。

在图1中，外围有两个小框，里面写的就是"隐秘基地"。

（1）操作方法。HB省项目第二期投建适当放慢（投建过快，我们的市场也跟不上），在第二期投建之前，适当分一部分产能给隐秘基地。

隐秘基地通常是在不太规范的早期工业开发地段租厂户，组建队伍生产，厂名就叫某某工厂，工商注册为个体工商户。在外人看来，根本不知道这是RH食品的基地（工人服装和胸牌都不同于总部）。如果有相关部门来问，我们可以说"帮RH食品代加工，挣取加工费"。

这样的隐秘基地，根据需要，可以多设若干个。

（2）税收意义。设置隐秘基地，有以下税收意义：

第一，实现"三分散"，税务部门难以掌握真实产能。

"三分散"指的是材料库分散、产品库分散、生产厂分散。比如，我们GZ省总产出1 000万元，我们将其中300万元放在隐秘基地，就不容易被税务统计出来。

隐秘基地跨区域设置，不在同一税务部门管辖之下最好。

第二，产能转移，通过税负落差节税。

如果A厂税负高，B厂税负低，那么，我们让A厂的产能转移到B厂，即让A厂少产出，B厂多产出，这就叫产能转移。

税负高低，就叫税负落差。有限公司查账征收税款，个体工商户核定征收，这中间就有巨大的税负落差。比如，GZ省总部税负2%，隐秘基地月纳税3 000元。GZ省基地产出1 000万元，需要纳税20万元，如果把这1 000万元悄悄地转移到隐秘基地生产，生产好再用共用的销售网络销售出去（按前面讲的方法，销售环节隐藏销售收入），那么，原来需纳 20 万的税款，现在只需隐秘基地以 3 000 元搞定。

第三，租厂房，每年的土地使用税也不用缴了，由房东去搞定，这笔税也不少。

（3）付出的代价。设隐秘基地，付出的代价是增加管理成本。但从节税角度来看，失将远远小于得。

2. 同一厂区复杂化，混淆税务"视听"

如果税务部门突然进入 GZ 省生产基地，要求盘点材料库、成品库和生产流程批单，我们如何应对？

相对来说，生产流程要比库房复杂一些，税务人员难以搞清楚。但成品和材料要搞清楚就容易得多。我们有必要在材料库和成品库上来做文章。

（1）当供应材料的"SC 食品经营部"成立后，可以与总部签一个材料库房租赁协议，将现有材料库租一部分给 SC 经营部。当税务人员看到我们库存很多材料时，我们至少可以说"是 SC 经营部存放的"。

（2）GZ 省 RH 贸易公司和自营店（个体户）与总部签一个成品库房租赁协议，将现有成品库房租一部分给这两个单位。成品库房中现在存放的商品、订购商家的家数，比外账反应的肯定要多，比如实际 500 家，外账可能只反应了 300 家。当税务部门发现外账商家数量与实际不符时，可以说"这是 GZ 省 RH 贸易公司和另一个店暂放的"。

上面两种方式，当然只是权宜之计，只能起到缓冲的作用。（根本的解决办法还要配合财务账面防火墙，后面我们将要详细讲述。）至于租金，可以象征性给一点点。

（3）设"厂中厂"，实施"障眼法"。这一方法比较适合 HB

省基地。基地过大，过于集中，容易被税务人员"全盘端"。设厂中厂，并且厂中厂是独立法人单位，当 A 厂被检查时，材料、成品则往 B 厂转移，当 B 厂被检查时，则往 A 厂转移。这种方式需要增加一套账目，管理成本会增加一些。

四、供产销联动，"体外循环"

1. 供产销联动

前面我们分别讲述了供应、销售、生产 3 个环节的防火墙设置。3 个环节必须联动，业务部门、财务部门、后勤部门共同配合，在物流、资金流、信息流 3 个方面实现"体外循环"。

体外循环本来是一个医学术语，在节税方面，指的是从采购到生产到销售再到收款，均不进入外账，准确地说，应该叫"账外循环"。这项工作，只靠财务部门是无法实现的，必须各部门配合，从战略高度来实施。

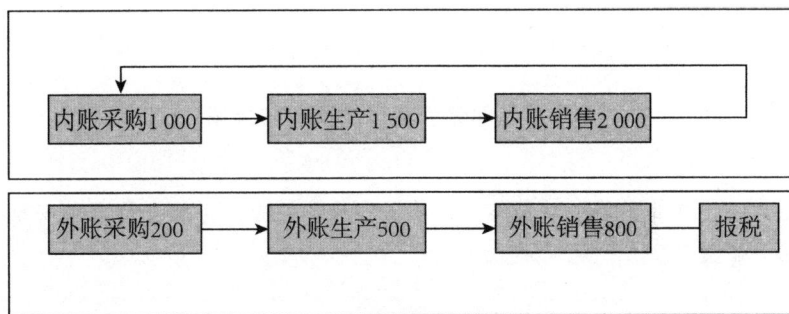

单位: 万元

图 16　体外循环

体外循环是通过隐藏采购、产能、销量来实现隐藏税款的目的。假如采购 1 000 万元，外账只记录 200 万元。生产环节外账产量相应地减少，如果生产 1 500 万元，外账只记录 500 万元。销售环节同样处理，销售 2 000 万元，外账只记 800 万元。如图

16 所示，下面的框是体内循环，数据最终要报给税务部门，上面的框为体外循环，数据保密。

2. "体内循环"需要注意数据配比

"体内循环"即外账反映的业务量和应纳税款。这里要注意两个配比问题：

一是外账采购量、生产量、销售量配比。采购量很大，产量很小，肯定不行，采购量很小，产量很大也一眼就看出了问题。

二是材料和费用"配方"配比。产品由哪些材料和费用构成，应该按照清单来做账，不要把某些材料或费用漏掉了。比如单位产品成本里面，没有消耗食用油，显然是说不通的。另外是彼此占据的比重要配比，如果单位产品成本中，鸡蛋的耗用量超过了面粉的耗用量，肯定不正确。

关于配比问题，在"账表层面的防火墙"部分，还要详细讲述。

第二部分　管理层面的防火墙

总体思路：点面结合，预防和应急并重，实施全员信息安全管理。

从我们调研的情况看，管理层面的税务风险相当突出，几乎每一个部门都是税务人员的突破口。此前被举报，税务人员不是到财务部来取数据，而是直接到销售部取数据，就是深刻的教训。

从管理层面设置防火墙，涉及多个部门多个岗位，这里提出解决方案，希望将方案中的精神以公司红头文件形成下达（下达时采取适当的形式)。

从管理层面设置防火墙,目的是让数据材料安全存放、处置,税务人员来到公司,无法获取相关证据。当然,我们会在财务外账上主动留一点小尾巴,让他们有所收获,保全对方的面子,也让对方回去好交差。

我们可以形象地打个比喻:一头狼进入一个毫无防范的羊圈,自然可以大饱口福。但如果羊圈平时修建了各种牢不可破的设施,并且有效地应对狼的突然袭击,那么,狼进了羊圈,也抓不着羊。当然,为了不让狼白跑一趟,羊的主人事先准备了一个汉堡包给狼吃。这里我们再次用到迷宫图,如图 17 所示。

图 17　管理层面的安全效果

一、调整基础设施布局，提升抗风险能力

（一）计算机、软件及机房管理

计算机是公司信息存储最多最集中的地方，与之相关联的是应用软件和服务器机房，应该重点管理。

1. 计算机管理要点

（1）除主管级干部外，其余人员电脑均拆掉 USB 接口，拆除光驱，避免信息被存储在移动介质上带出公司。

（2）除主管级干部外，其余人员均不得使用移动硬盘、U 盘等一切存储设备。

（3）日常工作中所有的电子报表、电子统计表、电子台账均加密存放于电脑 D 区，文件夹名一律用拼音伪装，文件夹路径不得低于三级，严禁存放在电脑桌面。

（4）所有电子报表、电子统计表、电子台账中，均不得含有公司名称。

（5）若因工作从金蝶、外网、内网、OA 系统导出数据，需存放的按上述第三要点存放，不需要存放的立即删除，严禁存放电脑桌面。

（6）会计外账人员的电脑，禁止存放任何内账信息资料，禁止安放任何内账软件系统（伪装安装也不允许）。

（7）所有计算机，均不能将金蝶外账、真实外网、真实内网、真实 OA 系统登录图标放于桌面，且所有登录界面均须伪装。

以上规定，每周检查，发现一次，罚款 N 元。检查表样式见表 4。

表 4 计算机信息安全管理检查表

检查时间：　　　　　　　　　　　　　姓名：

序号	检查内容	检查结果	处罚意见
1	USB 接口、光驱状况		
2	移动硬盘、U 盘使用		
3	报表、统计表、台账存放		
4	账表是否含公司名称		
5	软件导出数据存放、管理		
6	外账人员电脑资料、软件		
7	系统登录界面		

检查人员：　　　　　　　　　　　　　复核人员：

2. 软件管理要点

（1）金蝶内账软件、外网、内网、OA 系统存放于同一个服务器，服务器存放于某保密位置，专人管理专人维护，地点由财务部选定（不得在办公楼、办公室设置采取隐蔽内室的形式）。

（2）金蝶外账存放于一个小型服务器，该服务器存放于人事行政部（放于办公楼）。

（3）金蝶内账软件、外网、内网、OA 系统每天下午 4：00 数据备份，并手工刻录光盘，光盘交给总经办秘书带走，保密存放地点由总经理选定。

（4）当发生 A 级危机事件，服务器管理人员负责格式化服务器硬盘，或者采取其他摧毁方式。(危机级别及格式化操作，后面专门讲述。)

若服务器管理人员未按时备份并刻录资料，漏一次罚款 N 元，由总经理秘书负责统计。

（二）内网、外网各做一套假的软件系统

做一套假的内网、外网系统，由外账会计根据当月外账业务规模，进行全程录入数据。这套假的内网、外网系统连同金蝶外账系统，均采取网络版，相关人员桌面上放置登录端口。

当税务人员要求拷贝数据时，则让他进入这个假的系统中拷贝。假系统必须做得仿真。为此项工作，需要增加外账会计。

（三）财务部办公室的设置与管理

外账办公室和内账办公室要严格分开，所有内账资料不得带入外账办公室（从内账提取的用于外账记账的原始单据除外）。

目前的情况是财务部经理、主管与外账会计同在一个办公室，常常需要把内账资料带进办公室。同时，两人电脑上安装了金蝶内账软件、内网、外网、OA 系统。这是一个相当大的隐患，请立即整改。

（四）财务金蝶系统，库房不能再用

材料库房派驻了一名会计操作金蝶内账系统，而且办公室相对开放，这是一个相当大的隐患。目前的流程如图 18 所示。

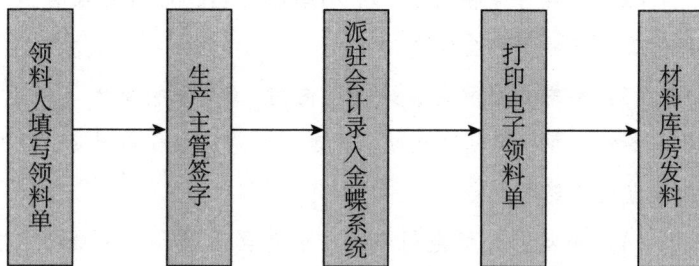

图 18　目前领料制单程序

现在考虑更改流程：派驻会计不到现场办公，领料人员持手工填写的《普通领料单》到库房，库房再手工开《限额领料单》

（目前未实行限额管理，可以先如此引导大家的观念），领料人在《限额领料单》上签字后库管发料。会计到内账办公室办公，每半天到库房取一次手工《普通领料单》和《限额领料单》并录入金蝶系统，两种手工领料单和金蝶打印单一同作为记账附件，如图19所示。这样做，需要对《限额领料单》加强管理（空白单和存根均由财务部管理）。

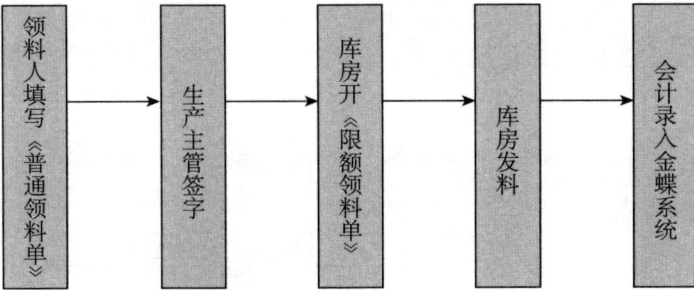

图19 修改后的领料制单程序

在材料入库环节，库房也在使用金蝶内账系统。现在也做同样的处理，送货人送达材料后，库管开具手工入库单，会计每半天取一次入库单，并录入系统，流程如图20所示。入库单也由

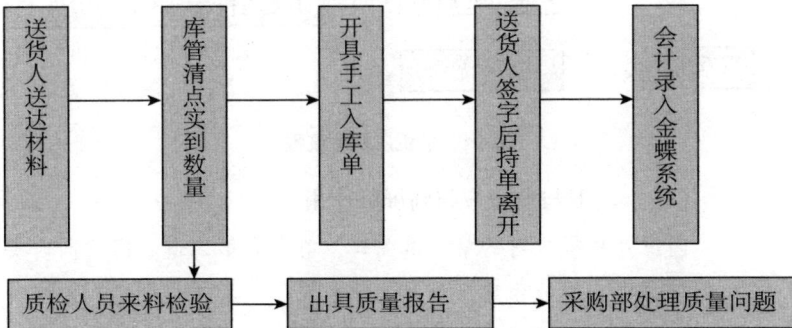

图20 修改后的材料入库程序

财务部统一管理，领用时以开完的存根登记换领。

二、设立危机解决预案，化解突袭检查风险

当出现举报，税务部门有权采取突袭式检查。我们设立危机解决预案的目的，就是先制定一套应对流程，就如同地震演习一样，避免临阵忙乱。

危机应对总流程如图 21 所示。

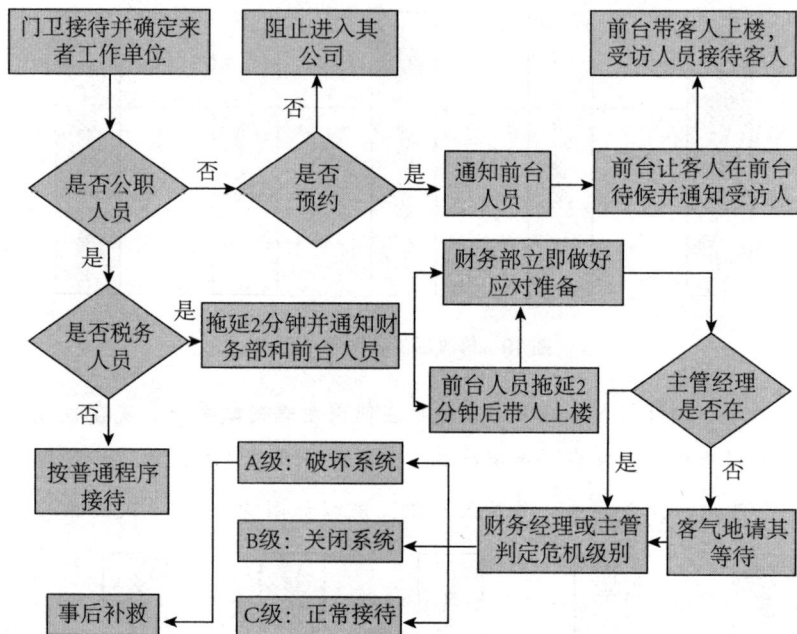

图 21　危机应对总流程

（一）门卫与前台应起到屏障作用

门卫是危机应对的第一道关口，前台是第二道。门卫同时要起到筛选来访者的作用。

1. 门卫应对要点

（1）从即日起，来访人员一律提供工作证，不能提供工作

证者，应与受约人员取得联系，确认其安全，方才办理登记手续，然后放行入内。

（2）对不明身份的强行闯入者，采取强制阻拦措施；声称是机关工作人员的，更要求出示工作证件。

（3）对工商、税务、劳动、质检四部门的人员，已经确认其身份，要热情接待，但手续要复杂化，拖延时间2分钟以上，其余门卫人员避开客人通知受访部门和前台。

（4）除对付强闯者外，任何情形之下，都要热情接待，切不能因态度不好激化矛盾。

若因失误，放入工商、税务、劳动、质检四部门人员中任何一人，而未察觉，在场门卫每人罚款N元；因态度不好激化矛盾，每人罚款N元（强闯者除外）。

2. 前台应对要点

（1）当客人进入，热情接待，如果是工商、税务、劳动、质检四部门人员则在联系受访人员时复杂化，拖延2分钟以上。

（2）如果是税务机关人员，则只能往财务部四楼办公室带引（不管其要求到哪个部门，均如此带引）。

（3）除长期到公司的熟客外，一律不允许自行上楼。

若因失误，让工商、税务、劳动、质检四部门人员自行上楼，每次罚款N元。

（二）危机级别标准设置

危机级别，由接待的财务经理或主管在交谈中判断。这里对每一个级别提供一个标准。

（1）A级危机：税务人员已经知道内账系统（包括金蝶内账、内网、外网）存在，坚持要求拷贝内账系统中的数据，已经无可回避。

（2）B 级危机：税务人员要求看账（包括金蝶外账、纸质账表）或者看库房，从交流中判断对方并未掌握内账系统。

（3）C 级危机：税务人员要求座谈询问。

对于 A 级危机，财务经理或主管指令实施破坏措施（下文讲述）；对于 B 级危机，看账则给外账，看库房则想法通知库房应对；对于 C 级危机则接受询问。

对于 B 级危机，财务经理或主管接待时，至少一名以上的外账人员需要在场，当听到税务人员说要看库房时，外账人员立即借故到其他办公室，打电话通知库房清理资料、通知服务器机房关闭系统（各站点的假系统继续运行），流程如图 22 所示。

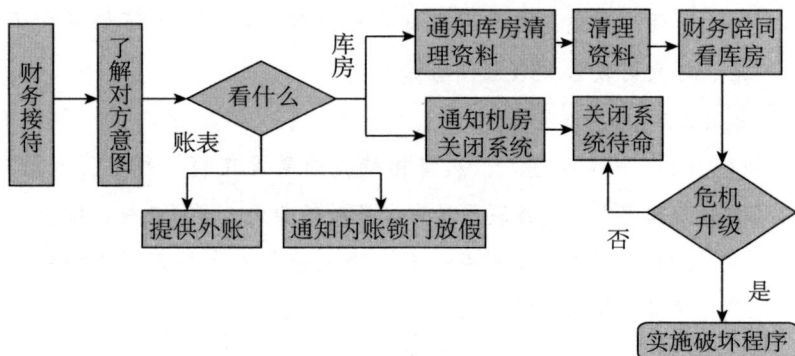

图22　B 级税务危机应对流程

（三）破坏措施及实施流程

破坏措施是应对税务 A 级危机时采用的。不到万不得已，不要采用。因为要破坏数据，所以坚持每天备份数据就相当重要。关闭服务器，或者在破坏数据情形之下，所有部门手工办工，经销商以传真形式订货。

1. 发动指令的暗语

至少一名以上的外账人员必须陪同经理或主管接待。当经理或主管认为事态严重时，以暗语发出指令，比如说："小汪，去行政部领一包普饵茶来。"外账人员如果听到这句话，即想法出去通知机房人员实施破坏程序。暗语中的物品要用行政部没有的物品，并事先约定好，避免引起误会。

2. 人事行政部通知各部门手工办工

外账会计通知机房之后，立即告知人事行政部，说需要关闭服务器，同时通知人事行政部切断办公楼电源。人事行政部先切断电源，再转告各部门，告知服务器故障，请各部门手工办公，同时清理办公区域数据材料。这种通知行为，需要讲究策略，不要闹得满城风雨。

破坏措施实施流程如图23所示。

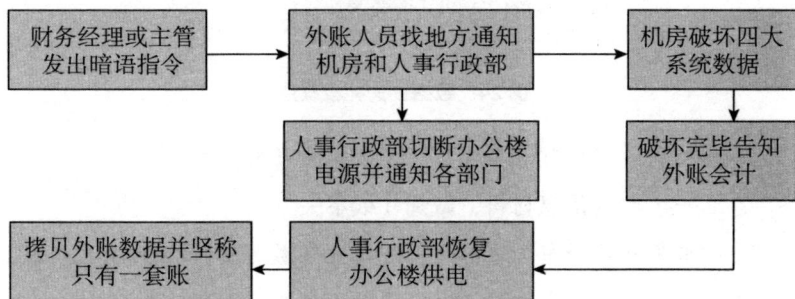

图23　A级危机应对流程

（四）事后补救措施

面对A级危机，实施破坏程序后，当天的数据丢失（此前的数据因为刻录备份，尚可恢复），需要各部门手工录入。

补救流程如图24所示。

（五）奖惩措施

对危机应对过程中表现良好的人员，应该给予奖励。因为工作失误，比如数据资料保管不善被税务人员获取的，则应该给予

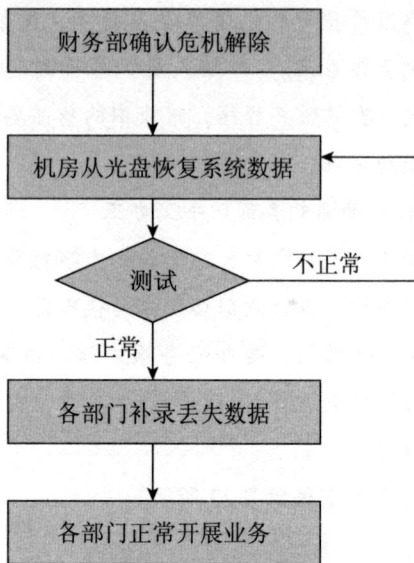

图 24　数据丢失补救程序

一定处罚，对主管人员按《信息安全责任书》执行。

三、严管信息材料，做到寸纸不失

我们在调研报告中讲到，公司业务数据处于"开放"状态，各个部门都有业务数据，我们采购了多少，我们生产了多少，我们销售了多少一目了然。税务人员来了，随便走进一个部门，打开一台电脑，就可以拷贝到各类台账、报表、统计表。即使不打开电脑，就是从桌上的文件夹里，就可以找到各种业务数据资料。再退一万步说，文件夹也不翻，就揭开桌上的玻璃板，把压在下面的内部通讯录拿出来，一看上面那么多会计人员，就可以知道我们有相当一部分会计在做"内账"。

在信息材料管理方面，我们提出的方针是：严管信息材料，做到寸纸不失。做法是"三光策略"——电脑桌面光、办公桌面光、文件夹里光。

1. 向无纸质化办公靠近

要一下子实施无纸化，目前尚有难度。但如果把 OA 系统用起来了，就可以接近无纸化办公了。关于这一点，我们提出几点要求：

（1）能够通过 OA 系统传递和上报的信息，一律通过 OA 系统，不能打印出来。

（2）打印集中到人事行政部，设专门的打印室，除总经理外，任何人不得使用独立打印机。

（3）必不可少的打印件务必锁文件柜或抽屉，当天用的文件资料当天收集整理。无论是哪个部门来，强行开锁的可能性都不大，但随时从桌上拿的可能性是很大的。

（4）每周最后一天下午下班前，对每一个岗位（包括财务部）桌面资料进行检查，凡是存放有反映采购量、产量、订货量、销量数据的资料，一律给予处罚。检查表样式见表 5。通过这种拉网式检查，做到"寸纸不留"。

表 5　桌面资料检查表

检查时间：　　　　　　　　　　　　　　姓名：

序号	资料内容	份数	处罚意见
1			
2			
3			
4			
5			
6			
7			

检查人员：　　　　　　　　　　　　　复核人员：

2. 信息存储器的管理

在前面讲述计算机管理部分，我们已经讲到，只有主管级人员，才能使用U盘、移动硬盘等设备。管理要点如下：

（1）主管级人员使用U盘、移动硬盘也需要登记管理。

（2）使用U盘、移动硬盘等设备的人，必须随身携带，不得遗失。

（3）U盘、移动硬盘中的资料，同计算机管理一样，不得含有公司名称。

3. 所有纸质文件不允许含有公司名称和印章

当一份资料没有公司名称和印章，就不能作为证据。我们对纸质文件的要求，同电子文件一样，不得含有公司名称。

各类纸质台账、报表、统计表，一律不得加盖公司印章。

4. 纸质材料定期收集，另地存放

有些部门不可避免要使用纸质单据，比如入库单、出库单、生产流程卡、订货单、发运单等。就财务部门而言，就更多了，各类内账资料（原始单据、凭证、账本、报表）都是纸质的。

这些单据需要定期收集，存放到一个远离公司的安全的秘密地点去。操作如下：

第一步，由总经理亲自选一个安全的地方，租下来（不要用自有房产）。

第二步，要求各个部门平时将数据资料打包藏好，月末打大包等待接收。

第三步，月末最后一天，安排一名可靠的保洁工将打包的资料收集到一起，并打封条（由保洁工收集，给人一种收垃圾的感觉）。

第四步，保洁工将资料交给一名总经理物色的可靠人员，该人员将资料运往第一步所租地方。各部门需要调用时，告知财务部，由财务部通知存放人员借出。转运人员不得开包，他本人根本不知道里面装的是什么。

上述程序如图 25 所示。

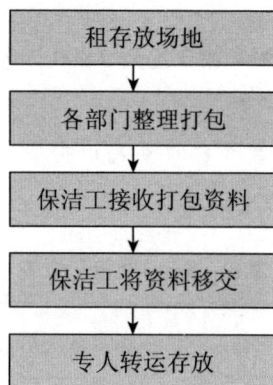

图 25　业务部门资料的转存

5. 财务档案的处理

财务档案比业务部门的资料更为重要，处理程序也如图 25 所示，但需要另外找一个更隐秘的地方存放，不与业务部门资料放在一起。

反映总业务量的财务报表除没有公司名称、印章外，又需要单独存放，不能与记账凭证存放一起，因为记账凭证上面免不了有公司名称（发票、收据通常就有）。包括董事长、总经理在内，所有人办公室均不得存放纸质财务报表。

四、银行卡管理制度化，确保信息隐秘

当私人银行卡上有大笔资金进出，就可能列作反洗钱监控对象。从这一角度来说，私人银行卡不宜长时间使用，也不能让流量过大。

从税收角度来说，使用私人银行卡收取货款，是为了节税。这些卡就不能让他人轻易知道用途，否则留下被举报的后患。

关于私人银行卡管理，应该制度化。具体要点如下：

1. 总部及办事处（自营店）银行卡按时更换

什么时候更换，这里有两个标准：一是时间，比如三个月一换；二是流量，比如总部卡达到 2 000 万元则换，办事处（自营店）卡达到 800 万则换。

财务经理（或者可靠的专人）在安全的电脑上，存放一个表单，记录银行卡更换记录，具体样式见表6。

表6　银行卡更换记录表

部门	姓名	卡　　号	收款对象	启用时间	更换提示	
					时间	流量
总部			收办事处1、2			
			收办事处1、2			
			收办事处3、4			
			收办事处3、4			
			收办事处3、4			
			收办事处3、4			
			收办事处3、4			
			收办事处3、4			
办事处1			收经销商			
办事处1			收经销商			
办事处2			收经销商			
办事处2			收经销商			
办事处3			收经销商			
办事处3			收经销商			

部门	姓名	卡　号	收款对象	启用时间	更换提示	
					时间	流量
办事处4			收经销商			
办事处4			收经销商			

2. 所有银行卡与对公账户绝对划清界线

总部、办事处（自营店）银行卡绝对不能向公司对公账户发生款项划转，对公账户也绝不往这些银行卡上划钱。

3. 总部银行卡对供应商保密

设置临时中转卡，当对外支付材料款不方便付现金，需要打到商家私人卡上时，不能从总部银行卡上直接划出，可以先将钱转到临时中转卡，再从临时中转卡划出，如图26所示。临时中转卡一般情况下不使用，留存备用。

图26　通过中转卡支付采购款

4. 总部银行卡对经销商和客户保密

关于这一点，我们在"战略层面的防火墙"中已经说到，经销商以自己的名义开卡，我们办事处出纳将钱转出，转到办事处银行卡上，经过多道环节，才转入总部银行卡上，如图27所示。总部银行卡有两道保护屏障。办事处充当"收款中转卡"的角色。

前期向经销商发书面通知，盖上印章，通知货款打入某某银行卡的做法，是非常低级的错误。

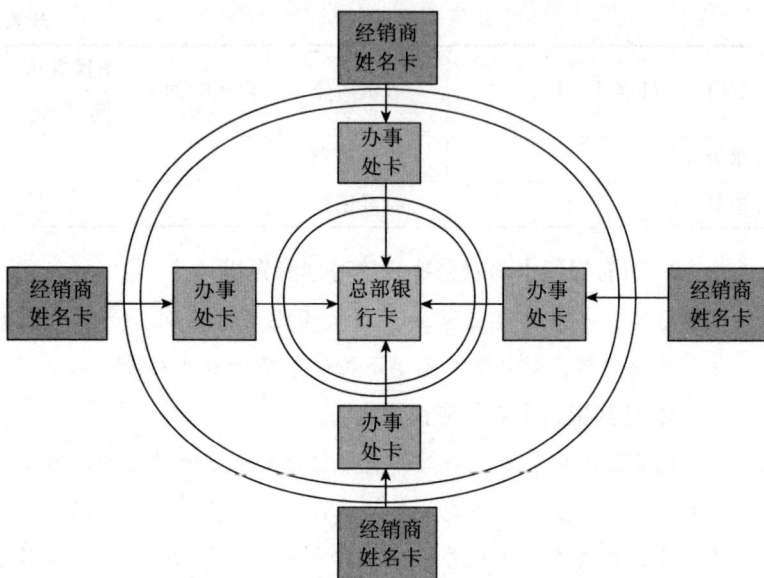

图27　总部银行卡在销售环节的保护

5. 办事处（自营店）银行卡对经销商、客户保密

经销商自己开卡，我们的出纳从这些卡上转钱出来，一般情况下，经销商不知道钱去了哪里。但从银行应该可以查出来。为此，对经销商、客户保密不能做到绝对保密。为了降低风险，我们办事处采取多卡制，并且定期更换。

6. 降低办事处出纳对总部银行卡的知悉程度

办事处（自营店）的出纳，当然是我们信得过的人，是老板亲自物色的人员。但再信得过的人，也有变心的时候。为此，我们要降低出纳对总部银行卡的知悉程度。

如何做？

不同市场区域的回款，打到不同卡上，比如，张三卡收办事处1、办事处2的款，李四卡收办事处3、办事处4的款。总之，不能让同一个出纳掌握总部全部的卡。同时，总部的卡按时更换。形象表示如图 28 所示。

图 28　银行卡信息的分割

7. 接触总部银行卡信息的人员，要绝对可靠

总部银行卡信息要绝对安全，需要做到以下 3 点：

（1）接触人员要绝对可靠。

（2）将知悉银行卡的人数降到最低。

（3）每个知悉的人，也只知一部分卡，而不知道全部。比如，王出纳知道接收两个办事处回款的卡，曾出纳知道接收另两个办事处回款的卡。

最极端的思路是只有出纳知悉，但这样做不方便工作开展。

8. POS 机停用，变更收款流程

我们自己现有 POS 机停用，以个体工商户名义重新办理，收到的货款进入"收款中转卡"中。

经销商可以设 POS 机，但款项进入以经销商名义开办的

卡上。

停用 POS 机或更换 POS 机后，收款流程如图 29 所示。

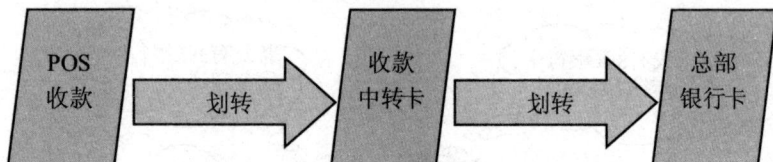

图29　中转收款

五、全员信息管理，构建安全屏障

业务数据，不仅仅关系到税务风险，也关系到商业机密的安全。公司每一个人都或多或少要接触到业务数据，要实现信息安全，必须实施全员信息安全管理，每一个人头上都承担信息安全责任。

本项工作可以制定专门的信息保密制度。

1. 信息分类及责任划分

我们按照专业来划分信息类别，并按危险系数排列。具体内容如下：

（1）财务数据（危险系数★★★★★）：包括内账财务软件中信息、财务报表、财务账本、财务凭证、各类进销存单据、各类盘点表等。责任部门为财务系统各部门。

（2）销售数据（危险系数★★★★★）：包括销量、订单、发货数量、市场网络、经销商名单等，表现形式包括订货系统中的数据、各类台账、各类统计表和报表。责任部门为营销中心。

（3）发货数据（危险系数★★★★★）：对外发货单据、台账、统计表、报表等。责任部门为生产物控部。

（4）生产数据（危险系数★★★★）：包括库存材料数据、生产下单量、入库量、各类台账、统计表和报表。表现形式为生产系统中的数据、各类台账、各类统计表和报表。责任部门为制造中心。

（5）采购数据（危险系数★★★）：包括材料购进量、供应商名单等。责任部门为采购部。

（6）人事数据（危险系数★★★）：包括员工人数、工资数额、能源、水等耗用数据等。责任部门为人事行政部。

（7）其他数据（危险系数★★）：其他可直接获取或通过推算可获取公司业务量的数据。责任部门为其他部门。

2. 专业信息安全管理机构

（1）专业信息安全管理机构——信息安全管理组，它由财务系统和其他部门抽调人员设立，结构如图30所示。机构为常设机构，但人员为兼职人员。

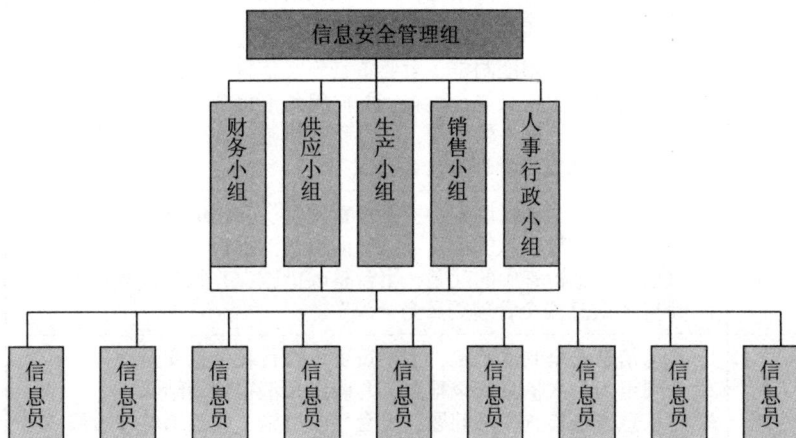

图30　信息安全管理组

（2）信息安全管理组工作职责：信息安全管理组工作职责见表7。

表7 信息安全管理组职责

机构	主要职能
信息安全管理组	1. 制定信息安全制度，经批准后实施 2. 每周组织一次信息安全检查，并通报检查结果，实施奖惩 3. 对信息安全检查中的问题，出台整改措施，并跟踪整改效果 4. 组长负责召集、主持"信息安全管理委员会会议" 5. 指导各小组的工作，并对检查中的分歧和纠纷进行解决，解决不了的交由总经理裁决，总经理可请专家裁决
财务小组	1. 参与信息安全制度制定，主要负责财务信息安全部分 2. 每周组织一次信息安全检查，并向组长汇报检查结果 3. 对信息安全检查中的问题，出台整改措施，并跟踪整改效果 4. 参与"信息安全管理委员会会议"
供应小组	1. 参与信息安全制度制定，主要负责采购信息安全部分 2. 每周组织一次信息安全检查，并向组长汇报检查结果 3. 对信息安全检查中的问题，出台整改措施，并跟踪整改效果 4. 参与"信息安全管理委员会会议"
生产小组	1. 参与信息安全制度制定，主要负责生产信息安全部分 2. 每周组织一次信息安全检查，并向组长汇报检查结果 3. 对信息安全检查中的问题，出台整改措施，并跟踪整改效果 4. 参与"信息安全管理委员会会议"
销售小组	1. 参与信息安全制度制定，主要负责发货、营销信息安全部分 2. 每周组织一次信息安全检查，并向组长汇报检查结果 3. 对信息安全检查中的问题，出台整改措施，并跟踪整改效果 4. 参与"信息安全管理委员会会议"
人行小组	1. 参与信息安全制度制定，主要负责人事行政信息安全部分 2. 每周组织一次信息安全检查，并向组长汇报检查结果 3. 对信息安全检查中的问题，出台整改措施，并跟踪整改效果 4. 参与"信息安全管理委员会会议"

（3）信息安全管理组考核：信息安全管理组成员实施工作考核，该考核纳入人事考核指标体系，在薪酬中兑现，或者设立专门的奖惩基金，单独兑现。

3. 三级信息安全控制体系

建立三级信息控制体系的目的，是为了推行全员信息安全管理，让每一个员工都参与到质量管理中来。该体系如图31所示。

信息安全管理委员会主任可以由董事长或总经理兼任，常务副主任由财务负责人（信息安全管理组组长）兼任。

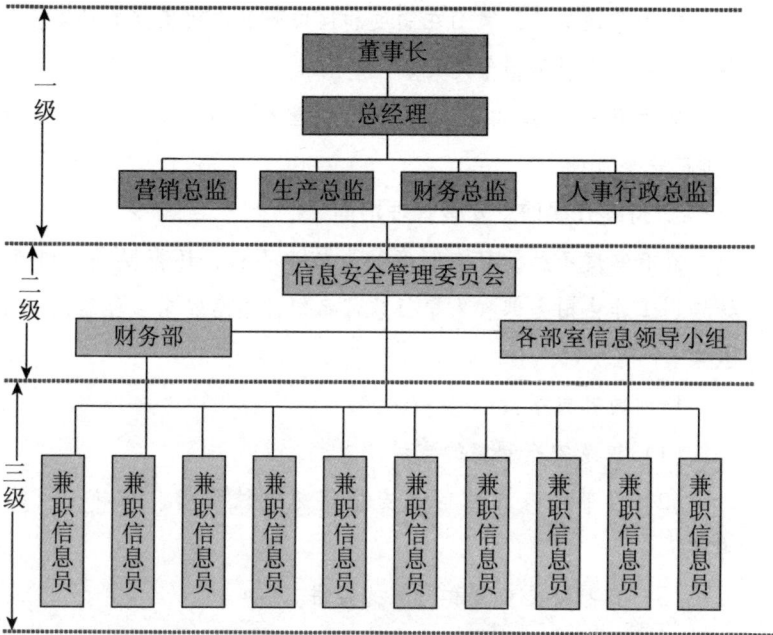

图31 三级信息安全控制体系

信息安全委员根据需要不定时召开会议。可以在公司例会时一并召开，单设一个议程。

各部室信息领导小组组长由部门经理或主管担任，主要职责是履行公司对信息安全管理的各项制度，做好本部门的信息安全管理工作。

各兼职信息员负责本部门信息安全管理的自查工作、指导工作，并每周向领导小组组长报告。

小组组长及兼职信息员均纳入考核，并兑现奖惩。由副主任提议奖惩。

4. 落实全员信息安全管理责任

信息安全责任，必须落实到每一个员工头上。

对于普通员工，我们在制度和岗位职责中明确其信息安全责任，一旦有失误则给予处罚。

对于各中心负责人、各部门经理和主管，则与公司签定《信息安全责任书》。

5. 持续开展信息安全管理培训

只有制度不行，只有制度和考核也不行，还需要进行培训。该培训工作由财务部和人事行政部组织，信息安全管理组组长出教案。

培训内容包括：

（1）信息安全制度的宣讲、考试。

（2）各部门各岗位信息安全实施方法讲解、指导、演练、考试。

（3）信息安全责任和考核的宣讲。

6. 员工忠诚度教育

忠诚度提升，伴随多项指标的变动：效率提升、产品质量提升、形象提升、口碑提升、成本下降……这些变动的综合效益，就反映出业绩以10倍的速度提升。

高度的忠诚，甚至不需要管理。

信息安全管理，离不开忠诚的教育和提升，这项工作要长抓不懈。

第三部分　账表层面的防火墙

总体思路：账、表、证规范合理，经得起税务检查。(账指的是外账，表指的是报给税务部门的报表，证指的是凭证及凭证附件。)

一、报表规范，扫描不出问题

会计报表一旦交到税务部门手里，就没有收回和更改的可能了，因此，在上交之前，一定要做得天衣无缝。每年例行检查之前，税务部门先将企业按行业按规模大小分类，然后在每一类中来抓阄。抓出来后，就调出该公司的报表看，从报表中看存在问题的可能性和问题大小，我们称这种行为是"逃税扫描"。

报表做得好，直接看不出问题，通过数据分析也基本上看不出问题，这样的企业通常不会面临例行检查。在账表层面设防火墙，首先要把报表做漂亮。

(一) 消化前期包袱

我们在调研究报告中已经讲到，我们报给税务部门的报表做得不好，一眼就可以看出若干大问题。我们现在先来化解这些问题。需要提醒的是：已经形成的问题，事后补救，总是存在一定的风险，财务负责人心里要有数，将来面临税务查询时，要能够自圆其说。

1. "预收账款" 10月末高达3 801万元的处理

利用本次查税过程中，5张银行卡上暴露的"保证金"、"向商家借款" 2 681万元来对冲。操作方法如下：

首先，写一个说明，称前期账务处理混乱，在本次国税检查过程中，才发现将原属于保证金、向商家借款的收款项目误当做了预收账款，现予以调账。同时将国税本次的查处报告复印件附在后面。

其次，做分录"借：预收账款，贷：其他应付款——保证金、借款"。

再次，跨年后，逐步消化"其他应付款——保证金、借款"，在2012年9月份之前消化完毕。

消化本次包袱后，以后预收账款滚动挂账和消账，最长3个月一个周期。

2. 资本公积处理不正常

资本公积2 893万由原来的"其他应付款"直接转到了"资本公积"，这项处理明显不科学，应该立即处理。操作方案如下所述：

（1）如果能够证明该款项为原来的拆迁补贴，且为政府资本性投入，那么，写一份报告，由税务部门认可后，作资本公积处理。在这一方案之下，不需要再调账，只是完善手续。如果不能确认为资本性投入，则要纳入递延收益处理（涉及企业所得税）。

（2）恢复为债务，找项目对冲。具体方法为：

第一步，将账务调整回去，做分录"借：资本公积，贷：其他应付款——××公司"。

第二步，××公司法人邹××与RH股东杨××之间签一个协议，表示邹××将该债权转让给RH股东，并做分录"借：其他应付款——杨××，贷：其他应付款——××公司"。

第三步，公司增资过程中有2 000万元，挂在JN××户头上，现由JN××、杨××、RH签一个三方协议，将"其他应付——杨××"与JN××对冲掉2 000万元。剩余893万元，寻找其他单边账来对冲。(外账已经通过委托书形式处理掉融资单边账，经不起推敲，先调回去。)

上述两种方案中，第一种方案风险小一些。

3. 10 月末其他应付款 1 957 万元

经查看明细账，其中融资形成单边账 531 万元，个人卡资金进入约 1 000 万，未确认收入。单边账以三方协议方式对冲。未确认收入的资金来源，补一个借款协议，让其成为"借款"，名正言顺地挂一段时间后，逐步消化。

4. 报表显示回报太低

目前只有一个月就年底了，这个问题在这么短的时间内难以消化，本月先消化一部分。消化思路：利润额不减少的情况下，进一步隐藏收入，从而提升销售利润率；利润额不减少的情况下，隐藏资产额，从而提升总资产回报率。

5. 预付账款居高不下，单边账处理不规范

在预付款当中，有较大额度的资金是融资过程中形成的单边挂账。资金进来和归还挂在不同的企业上面，比如进入挂"应付账款——A 公司"、出去时挂"应付账款——B 公司"，最后导致 A、B 两个公司的往来账一直单边挂着，销不了账。外账会计的处理方法是写一个委托付款书，直接把两个公司的往来账对冲。

现作如下整改：签一个 A 公司、B 公司、RH 三方协议，转让债权债务，从而达到平账的目的。

6. 总资产实行"小而全"

外账总资产额与内账差不多，但外账销售收入和利润却远远小于内账，这种"大公司做小生意"的报表，一看就有问题。

外账不仅收入缩小、利润缩小，资产总额也要同比例缩小。在缩小资产方面，不是隐藏资产数量，而是隐藏价值。看得见的

大资产，外账账面上都应该挂账，只是价值缩小了，这就是"小而全"思路。简单地隐藏数量的方式是危险的，比如，我们有五栋楼房，外账上却只反映三栋，如果税务局来数一数怎么办？隐藏价值就好解释得多，即使被发现了，我们可以用"账务处理混乱，漏记了工程投入额……"之类说辞应对。

7. 清理费用是否超标

在本月当中，对福利费、广告费、招待费等进行全面清理，看是否超过税法规定的允许抵扣额，如果超了，就先想办法降下来，或者在其他地方弥补税收损失，做到总纳税额不超过预算。

（二）报表重点注意项目

在消化旧包袱后，就要一如既往地做好报表，不要旧包袱消化了，新包袱又出来了。财务经理必须每月检查对外报表，发现问题立即处理，如果将问题明摆着的报表交出去，会计和财务经理都应该承担责任。

报表重点关注项目主要包括：应收账款、预付账款、其他应收款、应付账款、预收账款、其他应付款、管理费用、销售费用。管理费用和销售费用主要检查纳税调整项目（广告费、业务招待费、福利费等），不要我们的年报报上去了，表面上利润很少，缴税额也在预算之内，但税务部门一搞所得税清算，就给我们调增一大堆利润，让我们补缴税。

需要提示两点：

第一，涉及调账、隐藏收入等事项处理时，尽量不要放在季度末和年度末处理，因为季报和年报通常要上交税务部门。

第二，涉及调账、隐藏收入时，尽可能分散处理，避免目标太大。

（三）相关数据逻辑关系合理

从本月开始，检查每一个月对外报表相关数据逻辑关系是否合理。重点关注以下几个逻辑问题（包括但不限于以下几项）：

1. 盈利能力和对外投资能力相当

一个长期亏损或微利的企业，怎么可能大规模对外投资？我们对外投资，各种宣传立即跟上了，想藏也藏不住。怎么办？没赚到钱，总借得到钱啊，通过"借钱"方式来说明我们有钱有能力投资。

2. 现金流入与现金流出相当

一边大规模地扩张，不断花钱出去，一边却没有多少销售收入，现金流入很少。这当然说不过去。关于这一点的处理，和平衡投资能力一样，通过假借款解决，让流入的钱和流出的钱相当。

3. 应收账款与销售收入配比

假设外账销售收入5 000万，应收账款高达4 500万，甚至超过销售收入，一看就知道隐藏了销售收入。我们要测算一下，我们的账款回收率是多少，如果账款回收率是80%，那么欠账率就是20%，如果销售收入是5 000万元，那么应收账款保持在1 000万元是比较安全的。

关于账款回收率，通过内账数据来计算，本月要求计算出来。

4. 预付账款和采购量配比

我们一年采购了多少？预付款率是多少？这两个数据出来后，就可以检验预付账款和采购量是否配比。如果一年外账采购量为4 000万，预付款率为30%，那么，预付账款余额在1 200万元是比较合理的。

5. 材料库存与产能配比

如果材料库存很大，而产能很小，税务局可以这样认为：大量的进项发票提前抵扣了。

6. 融资与资金去向配比

融回来的钱去了哪里？是存在银行还是变成了存货，变成存货后，是否又形成了产能，形成了产能，是否形成了销售收入，形成了销售收入，那税款呢？这一系列问题，要经得起询问，至少要一招一招把税务人员抵挡过去。

7. 资产总额与销售收入配比

前面已经说到，两者之间的关系要合理，不能让人一看就是"大公司做小生意"。

8. 销售收入与利润率配比

利润率不能太低，太低显得不合理。税务人员通常会拿同行业数据来对比，以判断是否有问题。

9. 销售收入与纳税额配比

这种配比体现在税负率高低上面了。我们不能在税负率方面掉队，否则引起税务检查。

10. 销售收入与费用配比

费用开支了不少，尤其是销售费用开支不少，却没形成多大的销售收入，显然存在隐藏收入的嫌疑。多高的费用率是合理的？通过内账数据来测算，以销售费用为例，如果费用率为3%，那么，1 000万元的销售收入，销售费用就挂30万元左右。当然，挂得太低也不正常。如果遇上大规模开发市场，费用突飞猛进，就要事先想好怎么解释。

11. 能源、水费与产能配比

1 000度工业用电，生产出多少套产品，这个数据要心里有数。假设一套产品2度电，这个月外账用了1 000度电，那么就该有500套产品产出，不要做成只有200套。水费处理道理是一样的。

12. 工人工资支出与产能配比

在生产成本的"料"、"工"、"费"中，"工"占多少比重？这个数据可以通过内账来计算出来。如果外账产出2 000万元，假设人工成本占15%，那么，工人工资就在300万元左右，差得太远就说不过去。

13. 各种材料比重配比

一套产品当中，各种材料的比重是多少，必须与实际相符。比如，如果外账显示鸡蛋的比重高于面粉的比重，显然就不符合逻辑。

各种材料的比重是相对稳定的，如果这个月面粉比重为25%，下个月又成了30%，显然也不符合逻辑。

二、账证仿真，经受得起检验

账证仿真，经受得起检验，是什么意思呢？就是三个"一模一样"：

第一，逻辑关系和内账一模一样。

第二，原始单据和业务部门的"长相"一模一样。

第三，备用档案"长相"和业务部门的一模一样。这里的备用档案包括合同、盘点表、预算表、资金计划、生产计划、销售计划等。

（一）外账为什么漏洞百出

几乎所有公司的外账报表和账证，都是漏洞百出。为什么会这样呢？不是这些会计不懂做账，而是他们做账的思路和方法有错误。

这些会计犯了三个大错误：

1. 让发票牵着鼻子走

几乎所有公司外账会计都是这样工作的：有正式发票的，就抽出来，做在外账上，没有发票，就一律在内账上反应。

这种"抽单决定业务量"的做法是完全错误的，很多逻辑关系和配比关系，就在这种抽单中被忽略了。比如，这个月玻璃的采购都没有发票，外账人员可能就不做玻璃采购，如此一来，玻璃的消耗量就不配比了。

2. 缺乏总体布局

很多公司的外账人员在做账时，都缺乏总体布局。比如从业务量来说，有的环节合理，有的环节就明显不合理。可以这样形象地比喻：本来应该修一条两米宽的路，但因为缺乏总体考虑，有的地方修成了 3 米宽，有的地方又只有 1 米宽，有的地方 1 米都不到，一看就是一个不懂修路的人修的。

3. 闭门造车

很多公司的外账人员都存在闭门造车情形，他们不去了解业务部门的原始单据"长相"是怎样的，只顾自己制作原始单据。这种做法风险相当大，税务人员到业务部门提取一张单据，与外账单据一核对，就发现问题了。税务人员这种方法，小学生都学得会，由此可见外账人员闭门造车是多么天真幼稚。在这里声明一下：我们公司也存在闭门造车情形，主要是外账人手太少，很多工作省略了。如此规模的一个企业，一个外账会计，要把假账做成仿真，是很困难的。

（二）做外账的思路：小而全。

"账证仿真"包括两层含义：一是账目仿真；二是记账凭证和原始凭证仿真。

账目如何仿真？就是要求外账和内账保持基本一样的逻辑关系和配比关系。我们的思路是小而全。袖珍长城是怎么修出来的？不是把高度降低一半，而是把高度、宽度、长度都同比例缩小，这样的小长城按比例放大后，就是真正的万里长城了。我们做外账也是这样，不是仅仅把销售收入缩小，而是把各个项目都同比例缩小。

实施流程如下：

第一步，分析内账业务的配比与逻辑关系。

第二步，通过税收预算，确定销售收入，假设为100万元。

第三步，计算第二步中确定的销售收入占内账真实销售收入的比重，假设为50%，即外账收入100万元，内账真实收入200万元。

第四步，将内账其他各项目，均缩小为50%，从而得出外账各项目的数据。比如，如果内账真实销售成本160万元，那么，外账销售成本就做80万元。

第五步，确定各项目数据后，以此为基数收集外账所需要的原始单据，并编制记账凭证。

这里有一个问题：如果正式发票不够，又不能过多使用白条，怎么办？回到第二步，降低税收预算，进而降低外账销售收入，比如将外账销售收入降为80万元，即降为内账真实销售收入的40%。然后，其他各项目数据同样降为40%。

另外还有一个问题：降低税收预算，税务局不同意怎么办？对这个问题，我们要在一年中通盘考虑，事先留有余地，避免年底才做这件事情，因为年底税务局有征税任务要完成，彼此不好商量。

上述5个步骤如图32所示。通过这些步骤做出来的外账，基本上不会出现逻辑和配比问题。

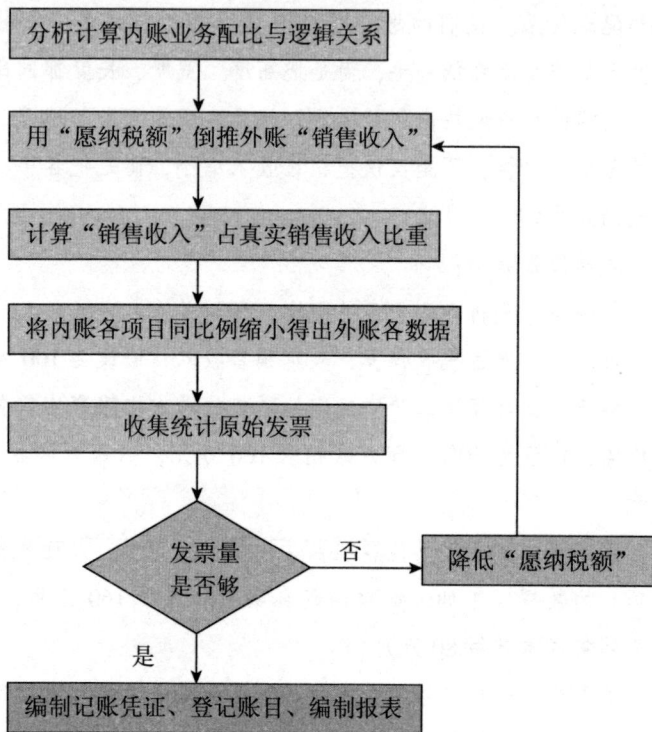

图 32 外账做账思路

（三）增加外账人手，全程仿真

在现有基础上，增加一两名外账人员。增加的人员专职负责"仿真"工作。他们扮演业务部门的人员，操作假的软件系统（伪装系统），从供应到生产到销售，将外账对应的数据完整录入系统，并制作出相应的业务数据。

（四）单证仿真，不怕核对

单证仿真，就是原始依据要和业务部门的"长相"一样。

1. 材料入库单据（马上调整）

完全仿照材料库房的操作，用金蝶系统打印，找不同的人员在"送货人"栏签字。如果库房保留有对方的送货单，那么，我们也要制作这样的送货单，并且"长相"一样（如果改变现有入库办理方式，如图19所示，则按改变后的模式处理）。

2. 材料出库单据（马上调整）

完全仿照材料库房的做法，制作生产班组用的手工领料单，找不同人员签字，然后用金蝶系统打印出来后，找不同人员签字（如果改变现有领料办理方式，如图20所示，则按改变后的模式处理）。

3. 成本结算原始依据（马上）

完全仿照车间的统计报表，作为结算的原始依据，同时，确保各项成本比例配比。

4. 成品入库单据

使用假的软件系统（伪装系统），完全按照成品库的做法，用统计表代替成品入库单，各种要素和实际一模一样。

5. 成品出库单据

使用假的软件系统，完全按照发货科的做法制作单据，并找人在"承印人"处签字。

6. 货运单据

从货运部取得空白单据，制作出与其一模一样的货运单据。此外，还要制作印章。

7. 工资表

制作出与现有工资表一模一样的工资表，并找不同的人签字，确保笔迹各不相同。

（五）核算对象齐全，不怕抽查

核算对象齐全指的是内账有的核算对象，外账都要有。具体内容如下所述。

1. 供应商

内账涉及的供应商，外账都要有。比如，内账有 50 家供应商，外账大致也要有 50 家。如果某些供应商没有发票，我们就只在外账上零星地反映一点采购。

为什么要这样做？如此多的供应商，难保某一家不出税务问题。假如 A 供应商出了事，税务会向 A 公司的下游企业调查，看它们向下游企业供了多少货，于是就查到我们公司来了。如果我们的外账根本没有与 A 公司交易的记录，岂不是一下子就露了馅？

2. 经销商

内账涉及的经销商，外账都要有，只是各家的销量都袖珍化。

这次税务局把我们的经销商名单已经拷贝走了。下次人家可能提着这份名单来，核对我们的外账上有多少家经销商。比如，实际经销商 200 家，而我们的外账才 50 家，不是埋地雷炸自己吗？

即使税务局没有拷贝我们的经销商名单，也不安全。我们的报纸上不时有新的店开业的宣传，这样的宣传很容易被税务人员获取。假如报纸上说我们武汉开了一家店，但我们的外账却没有反映这家店，肯定会被怀疑为隐藏了收入。

经销商出税务问题的可能性也不小，经销商出了问题，当地税务局会向上游来查，即查到我们公司来（改变销售模式后，这种可能性就大大降低了），到时我们肯定不能因为外账没有反映这个商家，就对税务局说："他们没有卖我们的产品。"

3. 对外投资

内账涉及的对外投资，外账也要有。我们不主张法人之间参股，但如果因为战略需要，或者合作者的要求，我们需要法人参股时，我们内账要反映，外账也要反映。对外投资常常备受关注，如 HB 省项目，藏是藏不住的。

（六）方法一致，合理配比

外账采用什么核算方法，内账也采用同样的核算方法，并且制作一样的原始单据，唯一的区别是业务缩小了。

内账各数据怎样配比，外账也怎样配比。

（七）备用档案仿真，应有尽有

业务部门有哪些档案，外账也要仿真制作相应的档案，保证其"长相"一模一样，或者抽取一部分档案复印下来。总之，业务部门拿得出来，我财务部也拿得出来，而且"长"得一样。

（1）各类预算表。将真实的预算表按比例缩小。

（2）资金计划。将真实的资金计划按比例缩小。

（3）采购合同。复印一部分备查。

（4）生产计划。将真实的生产计划按比例缩小。

（5）销售计划。将真实的销售计划按比例缩小。

（6）盘点表。做得与库房一样，找不同人签字，并且制作一些手工底稿。

三、预留尾巴，实施壁虎策略

即使真账，也不可能滴水不漏。如果假账滴水不漏了，就要出大事。

你假账做得漏水不漏，是对税务人员的一种挑衅，你仿佛在洋洋得意地说："你看，你查不出问题吧！"税务人员都是很自负的人，个个都自认为是专家，认为没有哪家企业逃得了他们的火眼金睛。你如此挑衅，只会激起他们的斗志："哼，看看是你的皮厚，还是我的刀锋利！老子从没有查不出来的！"于是，税务人员敬业精神一下子陡增，抽张板凳，守在公司大门口，表面上是无事坐等，其实是在一个一个点人数，点完了，和外账的工资表一对，就发现问题了："你账上工人人数怎么少这么多？"

如果你把税务人员的面子给足，他们就不会认真去翻老底。

怎么给面子？

就是让每一拨来的税务人员都有收获。税务人员上门来了，总不能空着手回去吧？空手回去，人家怎么向领导交差？空着手回去是很没面子的事，他以后就不好混了。我们的做法，是故意留个小尾巴，让税务人员三下五除二就抓着了，抓着了就收工了，大家到饭店喝酒去，什么事都好说了。

这叫壁虎策略。

壁虎遇到危险时，会自断尾巴，断了的尾巴还可以在地上不停地扭动，等猎人转移注意力，去捕捉尾巴时，壁虎就逃跑了，过几天，它的尾巴又长出来了。

（一）通过白条留尾巴

企业经营中收到白条是正常的，街边买个拖把，请民工搬运点东西，都可能产生白条。适当在外账中用一些白条收据，既让假账显得更真实，又给税务人员留下了尾巴。所得税清算中间一定会统计白条，就让他统计去吧。

这个尾巴是留给地税局。

（二）通过预收账款留尾巴

预收账款在每一个企业经营中都存在，有一些挂账收入没有按时确认是可能的。在这个科目留尾巴，既让假账显得更真实，也让税务人员的工作难度大大降低。他要查预收账款，我们的员工故作思考状一分钟，就主动地诚恳坦白，节省时间早点收工。

这个尾巴是留给国税局。

(三) 通过费用超标留尾巴

修改后的《企业所得税法》及实施细则对企业支出扣除的具体范围和标准作了以下明确规定。

1. 统一了工资薪金支出的税前扣除政策

老税法对内资企业的工资薪金支出扣除实行计税工资制度，对外资企业实行据实扣除制度，这是造成内、外资企业税负不均的重要原因之一。实施条例统一了企业的工资薪金支出税前扣除政策，规定企业发生的合理的工资薪金支出，准予扣除。对合理的判断，主要从雇员实际提供的服务与报酬总额在数量上是否配比合理进行，凡是符合企业生产经营活动常规而发生的工资薪金支出都可以在税前据实扣除。

2. 具体规定了职工福利费、工会经费、职工教育经费的税前扣除

老税法规定，对企业的职工福利费、工会经费、职工教育经费支出分别按照计税工资总额的14%、2%、1.5%计算扣除。实施条例继续维持了职工福利费和工会经费的扣除标准，但由于计税工资已经放开，实施条例将计税工资总额调整为工资薪金总额，扣除额也就相应提高。为鼓励企业加强职工教育投入，实施条例规定，除国务院财政、税务主管部门另有规定外，企业发生的职工教育经费支出，不超过工资薪金总额2.5%的部分，准予扣除；超过部分，准予在以后纳税年度结转扣除。(备注：财税〔2018〕51号规定，职工教育经费按工资薪金总额的8%扣除，软件、集成电路、动漫产业可按实际发生额扣除)

3. 调整了业务招待费的税前扣除

老税法对内、外资企业业务招待费支出实行按销售收入的一定比例限额扣除。考虑到商业招待和个人消费之间难以区分，为加强管理，同时借鉴国际经验，实施条例规定，企业发生的与生产经营活动有关的业务招待费支出，按照发生额的60%扣除，但最高不得超过当年销售（营业）收入的5‰。

4. 统一了广告费和业务宣传费的税前扣除

关于企业发生的广告费和业务宣传费支出的税前扣除，老税法对内资企业实行的是根据不同行业采用不同的比例限制扣除的政策，对外资企业则没有限制。实施条例统一了企业的广告费和业务宣传费支出税前扣除政策，同时，考虑到部分行业和企业广告费和业务宣传费发生情况较为特殊，需要根据其实际情况作出具体规定，实施条例规定，除国务院财政、税务主管部门另有规定外，广告费和业务宣传费支出不超过当年销售（营业）收入15%的部分，准予扣除；超过部分，准予在以后纳税年度结转扣除。

5. 明确公益性捐赠支出税前扣除的范围和条件

关于公益性捐赠支出扣除，老税法对内资企业采取在比例内扣除的办法（应纳税所得额的3%以内），对外资企业没有比例限制。为统一内、外资企业税负，企业所得税法第九条规定，企业发生的公益性捐赠支出，在年度利润总额12%以内的部分，准予在计算应纳税所得额时扣除；超过年利润总额12%的部分，准予结转以后3年内在计算应纳税所得额时扣除。为增强企业所得税法的可操作性，实施条例对公益性捐赠作了界定：公益性捐赠是指企业通过公益性社会团体或者县级以上人民政府及其部门，用于《中华人民共和国公益事业捐赠法》规定的公益事业的捐赠。同时明确规定了公益性社会团体的范围和条件。

对这些法规，我们当然要遵从。但为了留尾巴，我们要适度地"明知故犯"，让税务人员来了有收获。

这个尾巴是留给地税局。

（四）确认你留的是小尾巴

需要特别提醒的是，我们要肯定地确认所留的尾巴是小尾巴，不然就会造成税款损失。

1. 尾巴留多大

已纳税款，加上"尾巴"，不超过我们的税款预算，就是合理的大小。比如，我们预计今年愿意纳税 50 万元，年底时，我们已经纳了 45 万元，那么，我们留的尾巴可能产生的税款，就不要超过 5 万元。如果税务局一直没来抓这小尾巴，我们就省着了。

2. 不再有其他漏洞

我们留尾巴的时候，要确保不再有其他漏洞。否则，税务人员在抓小尾巴过程中，发现了大问题，我们要补的税款就大大增加了。

3. 事先测算

留尾巴当然不能是盲目的，得事先测算，测算税务人员来时，最大可能抓出多少问题，补多少税，最小可能抓出多少问题，补多少税，以保证不超税款预算。盲目留尾巴会导致这样的结果：本来已经缴了老板愿意缴的税款，老板很高兴，但税务人员一来，抓出问题补大额度税，远远超出老板的心理预期，老板不高兴，会计自然也难过。

第六章

修筑防火墙第三步：辅导实施

一、讨论与实施

汪先生把防火墙设计出来后，组织 RH 食品公司老板、财务负责人详细地进行了讨论，根据公司的实际情况，在保证投入最少的前提下，进行了修正。同时提出了分阶段执行的计划，首先从财务环节开始执行，其次从管理层面执行，最后从战略层面来执行。

讨论完毕，汪先生布置了实施任务，可以让全公司员工知道的内容，通过文件形式下发，不能让全公司员工知道的内容，则把相关人员叫来，口头上布置任务。在这个过程中，以保护商业机密是借口，下达了一系列文件，涉及设计方案中的诸多内容，同时，以增强市场竞争力为借口，对销售模式进行了调整。

另外，在汪先生的指导下，RH 公司与各部门主管签订了《信息安全责任书》，具体内容如下：

信息安全责任书

一、部　　门：

二、责任人：

三、目　　标：

1. 直接从本部门流失商业信息、数据、资料的事件为零，包括本部门人员主动外泄和竞争对手、相关部门来提取。

2. 本部门形成的商业信息、数据、资料间接流失的事件为零，包括任何渠道流失出去的属于本部门产生的电子或纸质信息、数据、资料。

四、工作要点

1. 每天巡视本部门信息、数据、资料保管情况。

2. 每周组织本部门对信息、数据、资料保管情况进行自检。

3. 密切配合"信息安全管理组"的培训、检查工作。

4. 未经总经理批准，不向任何外人、媒体、外部部门提供涉及研发、采购量、产量、发货量、销量、员工人数、商业网点的信息；其余信息对外提供前，如果把握不准，须与安全信息管理组组长商讨。

5. 未经总经理批准，不得接受任何涉及公司信息的采访，不得向外投递任何涉及公司信息的稿件。

五、处罚

1. 若发生"目标"中的第1项，罚款人民币5 000元，并承担相应的法律责任。

2. 若发生"目标"中的第2项，罚款人民币3 000元，并承担相应的法律责任。

3. 未经批准，向外提供（包括采访、投稿在内）研发、采购量、产量、发货量、销量、员工人数、商业网点的信息，罚款人民币5

000 元, 并承担相应的法律责任。

4. 不配合商业信息安全管理工作, 由信息安全管理组组长报请总经理处罚。

责任人签字: 公司盖章:

年 月 日   年 月 日

二、检查与指导

布置任务后, 汪先生并没有放手不管。他亲自参与防火墙设计方案实施情况的检查, 并对检查中发现的问题进行纠正, 指导 RH 食品公司各部门人员如何做到最好。

经过半年多的坚持努力, 汪先生设计的方案, 全部实施到位。

因为被举报过一次, RH 食品公司被当地税务部门列作重点监控对象, 年年都来检查。但由于有防火墙, 连续几年, 都没查出什么问题来。

至 2006 年, RH 食品公司完成了原始积累, 节省的税款已经相当可观, 女老板也迎来了她的 70 大寿。

汪先生说现在 RH 公司不缺钱了, 建议她规范运作。人到古稀, 很多观念发生了变化, 女老板同意规范运作, 加之接班人不称职, 她有把公司做上市的意愿。

于是, 在汪先生的一手策划下, 老的 RH 食品公司注销, 成立新的 RH 食品股份有限公司。2007 年 1 月 1 日, RH 食品公司举行新年晚会, 因为放烟花不小心, 引发了一场小规模火灾, 把旧公司的会计资料烧了个精光, 老的 RH 食品公司避税 "原罪" 因此永远地消失了。

其实, 汪先生很清楚, 那场火灾是人为造成的。

下篇
"阳光节税工程" 方法指引

　　节税，是企业一项合法的权利。在合法的前提下，大幅度节省纳税成本，是许多经营者和专家们一直在钻研的问题。

　　本书提出的"阳光节税工程"，是合法的，并且能够大幅度节税。这一方法的推出，旨在引导经营者、财务人员放弃偷税、逃税，通过合法节税，达到既降低纳税成本又降低操作风险的目的。

第一章
节税工程取代防火墙

一、不要依赖防火墙

有了防火墙，避税就绝对安全了吗？

当然不可能。设置防火墙目的是为了以假乱真，但假的本质改变不了。如果税务人员深入调查，比如长时间驻扎在企业当中，很快就可以发现破绽。而且，堡垒常常从内部被攻破，内部人员一旦举报，防火墙就形同虚设了。

那该如何办呢？不避税，企业难以生存，避税又担如此大的风险。办法是有的，那就是实施节税工程。节税工程是一种可以实现大幅度节税的合法方法，有税务专家应用该方法，创造过一句话节税1 000万元，半小时节税5亿元的奇迹。

二、节税途径的演变

税收是国家为了实现其职能，凭借政治权力，按照法律规定，强制性地取得财政收入的一种形式。它具有强制性、无偿性和固定性。纳税人从诞生那一天起，便不可避免地要纳税，直至这个纳税主体消亡。

纳税是纳税人的一项成本，它是纳税人履行纳税义务时所支付的和潜在支付的各种资源的价值。降低纳税成本，是纳税人一种内在需求，一种利益趋动，合法的降低纳税成本，也是纳税人的一项基本权利。

有需求就有行为，节税是伴随税收诞生而诞生的一种降低纳税成本的行为。从这一行为的演变过程看，大致经历了偷税、避税、纳税筹划、节税工程等几个阶段。

1. 偷税

偷税是指纳税人在纳税义务已经发生并且能够确定的情形下，采取虚拟、谎报、隐瞒、伪造等手段，达到少缴或不纳税款的行为。

根据《税收征管法》规定，偷税的手段主要有以下几种：一是伪造（设立虚假的账簿、记账凭证），变造（对账簿、记账凭证进行挖补、涂改等），隐匿和擅自销毁账簿、记账凭证；二是在账簿上多列支出（以冲抵或减少实际收入）或者不列、少列收入；三是不按照规定办理纳税申报，经税务机关通知申报仍然拒不申报；四是进行虚假的纳税申报，即在纳税申报过程中制造虚假情况，比如，不如实填写或者提供纳税申报表、财务会计报表及其他的纳税资料等。对偷税行为，税务机关一经发现，应当追缴其不缴或者少缴的税款和滞纳金，并依照征管法的有关规定追究其相应的法律责任。构成偷税罪的，应当依法追究刑事责任。

2. 避税

避税一直饱受争议，在我国法律中没有明确的概念表述，也没有对其地位进行明确的肯定或否定。企业界和理论界有两种认为，一种认为避税就是钻法律的空子，只要法律没有明确反对的就可以大胆地实施。另一种观点认为避税就是纳税筹划。

1906 年，英国人首先提出"合理避税"的概念。这一概念得到了广大企业和经济工作者的认同。这一概念将避税与偷税明确区分开来，因此很多人都强调其"非违法"，也就是说这个行为虽然说不上合法，但也说不上违法，是"非违法"，是"合理"的。

根据众多著作的论述，我们可以给避税下这样一个定义：所谓避税，就是纳税人在熟悉掌握相关税收法规的基础之上，在不直接触犯税法的前提下，利用税法等有关法律的差异、疏忽、模糊之处，通过对企业治理结构、经营活动、融资活动、投资活动等涉税事项进行精心安排，达到规避或减轻税负的行为。

避税是钻法律的空子，导致国家税收收入减少，显然是政府所不提倡的，从避税诞生那一天起，"反避税"也就诞生了。

3. 纳税筹划

纳税筹划是指通过对纳税业务进行有针对性的规划，设计一套完整的纳税操作方案，以达到节税的目的。

从实践来看，纳税筹划主要包括四个方面的行为：一是采取合法的手段进行节税筹划；二是采取非违法的手段避税；三是采取关联交易等手段实现税收转嫁；四是规范整理纳税人财务核算，以实现涉税零风险。

纳税筹划是合理合法的，这是它区别于偷税和避税最显著的特征。它不仅在形式上是合法的，也顺应税法立法部门的意图，是受保护和鼓励的行为。相对于避税而言，纳税筹划具有相当大的优越性，它可以降低纳税成本，实现企业利益最大化，同时由于纳税筹划是对税法的深入理解并顺应立法意图，可以直接或间接地取得宏观经济效益与社会效益。比如国家为了抑制某一产品的过度供应，就会加大该产品的税负，企业针对这一情况进行筹划，就是少生产这种产品，企业少纳税的同时，国家也实现了税收的杠杆调控作用。

4. 节税工程

节税工程这一概念是首先由本书作者提出来并在企业界予以实践的。实施节税工程是节税途径演变的第四个阶段，同时也是对传统节税途径（包括偷税、避税和纳税筹划）的彻底颠覆。

关于节税工程的定义，我们在下文还将讲述，上述四个阶段或者说四种节税方式的对比见表1-1。

表 1-1　节税发展四阶段对比表

项目	偷税	避税	纳税筹划	节税工程
合法性	违法	非违法	合法	合法
实施时点	纳税义务发生后	纳税义务发生中	纳税义务发生前	纳税义务发生前、中、后
收效	高风险，并可能高损失	获取短期收益	获取长期的较高收益	获取长期的巨大收益
	获取税收收益	获取税收收益	获取税收收益	获取税收收益和综合收益
	对微观有利	对微观有利	对微观有利	对微观有利
	对宏观无利	对宏观无利	对宏观无利	对宏观有利
政府态度	打击，严惩	反避税	保护和鼓励	保护和鼓励
节税额	可能巨大	较小	较大	巨大
未来趋势	前景不好	前景不好	前景有限	大势所趋

三、节税工程与纳税筹划的关系

1. 什么是节税工程

由于是一个新生事物，节税工程尚无通行的定义。我们的定义是这样的：节税工程指的是企业为了实现大幅度节税的目的，所实施的以企业生命周期、企业经营流程闭合环为两大基石的，以科学选择企业组织形式和控制方式，在区域上和产业上合理布局生产资源和生产能力，整合及再造企业经营流程为三大手段的系统工程。

在这一定义中，强调了"大幅度节税"，强调了不仅仅以财务为基础，而是以企业生命周期和经营流程为基础。同时，以"工程"二字来强调该行为所涉及的面宽面广面深，强调该行为的浩大，它已经远远超出了财务系统，而且所使用的知识和技能也远远超出了财务知识，是非财务系统人员所能独自完成的。

传统的纳税筹划着眼于局部（最多也就是着眼于与财务有关的数个经营流程环节），筹划的税额是相当有限的，而节税工程站在企业战略高度来展开，节税额相当可观。可以这样比喻：实施纳税筹划，只是拿着显微镜在工作，实施节税工程则是先拿望远镜工作，再拿显微镜工作。

2. 节税工程与纳税筹划的关系

节税工程不等同于纳税筹划。这一概念的提出，目的并不在于刻意创造一个新生事物，而在于这一事物本身就存在，现在明确提出来，让它的价值凸现出来，让更多的人熟悉和掌握它，从而为企业利益最大化作出贡献。

归纳起来，节税工程和纳税筹划有以下不同点：

（1）高度不同。节税工程是站在企业战略高度，从企业地域和产业布局、治理结构、股权结构、生命周期、经营流程等大的方面着手，以降低税负为切入点，实施的一系列全局性规划行为。纳税筹划是站在企业财务管理层次，从企业物流、资金流方面着手，逐个环节寻找降低税负的突破口所实施的局部性的筹划行为。这里的全局性和局部性都是相对而言的。和逃税比起来，纳税筹划具有综合性，而和节税工程比起来，纳税筹划却又显然是局部的行为。

（2）出发点不同。节税工程的出发点是企业利益最大化，降低税负仅仅是它的一个切入点，当税负和企业利益最大化产生冲突时，节税工程将选择有利于企业利益最大化的行为。纳税筹划的出发点就是降低税负，这一出发点可能与企业整体经营发生冲突，有时表面上税负是降低了，但可操作性很低，甚至与企业利益最大化背道而驰。比如，某企业从经营角度来说，应该在原料地设生产基地，假如从税收角度上看，原料地税负偏高，这时，狭隘的纳税筹划专家就会建议到税负低的地方建生产基地，很显然，这种筹划是没有价值的。

（3）方法不同。节税工程的方法或者说手段是在把握企业生命周期和企业经营流程基础上的"科学选择企业组织形式和控制方式"，"在地域上和产业上合理布局生产资源和生产能力"，"整合及再造企业经营流程"。这些方法，都是企业经营管理层面的，属于管理方法。纳税筹划的方法则是从财务管理中衍生出来的，这些方法主要包括价格转移、税率选择、税基调控、分拆业务或合并业务等。

（4）责任部门不同。节税工程和纳税筹划都是以财务部门为核心，但责任部门却是不同的。纳税筹划的责任部门是财务部门，因为筹划的方法、信息、资源、权力等都集中于财务部门，由其担责理所当然。但节税工程由于是跨部门、跨系统，甚至跨越若干个关联企业的行为，仅仅财务部门来实施根本无法奏效，它需要多个部门配合、需要整合多种资源和人才，也涉及给予较高层次的行政权力，因此，这项工作的责任部门除了财务部门外，还包括采购部门、生产部门、销售部门等所有业务部门。

（5）对实施人员行政层次要求不同。纳税筹划因为涉及部门较少，所涉的面相对较窄，往往财务部经理就可以担纲完成。节税工程因为涉及部门较多，涉及面很宽，财务部经理在行政级别上，很难调动相关资源和人才，这就需要更高行政级别的人员来担纲，如副总经理、总经理等。如果是涉及多个关联企业，担纲人员还必须是集团公司或控股母公司的高层管理者。我们常常这样通俗地说："做纳税筹划，你找财务经理就可以，做节税工程，你得找到老板。"

（6）对实施人员专业素质要求不同。纳税筹划对实施人员的专业素质要求相对较低，实施人员掌握财务知识、税收知识，再了解一些经营管理知识就足够了。节税工程是跨专业的行为，实施人员要求是复合型人才，除了财务税收知识外，还需要熟练掌握节税工程"两大基石"和"三大手段"所涉及的知识和技能。这类复合型人才事实上比较少，除了向社会引进外，最主要的获取途径是内部强化培养。

（7）效果不同。纳税筹划在降低税负方面，是相当有限的，有时耗费很大的人力和财力，所筹划下来的节税额，远远小于偷税、逃税行为所实现的节税额。正是这种差距，导致很多企业宁愿冒险去偷税、逃税，也不愿意聘请纳税筹划专家。节税工程的成效非常显著，它所获取的节税额，绝不低于偷税、逃税所带来的节税额，甚至远远高于偷税、逃税的节税额，而且，它是合理合法的，是政府鼓励和支持的。尤其重要的是，实施节税工程事实上是对企业整个经营管理进行整理和提升，在获取税收收益的同时，获取综合管理收益。

（8）未来发展趋势不同。纳税筹划节税额相对较小，最终将被节税工程所取代。另外，纳税筹划中的很多方法，其实是对避税方法的继承，这是政府"反避税"的对象，随着反避税的深入，纳税筹划的空间和范围将会越来越小。近年来我们税法改革，内资外资企业统一所得税、区域优惠弱化、关联交易特别纳税调整加强等，一方面是经济发展的需要，另一方面也是针对纳税筹划中的避税行为而推出的。税法修订权是在国家手里，打着筹划晃子实施偷税、逃税的"专家"们节节败退是理所当然的事情。

（9）实施时间不同。纳税筹划本身应该是一种事前的规划，但从现实中来看，很多企业在事前并想不到筹划，往往是出了问题才想到求助于税收专家。而事后的筹划，常常难以奏效。节税工程也要求事前规划，但在事中依然要根据经营的实际情况不断修正和调整方案。即使企业在事前没有想到实施节税工程，在事中来补救也是有效的，毕竟节税工程所调动的资源和人力是纳税筹划无法比拟的。

（10）风险不同。由于节税工程的复杂性和艰难性，常常存在"跨前一步，就是偷税、逃税"的情形（关于这个问题，我们在后面的章节中还将详细讲述）。因此，节税工程本身没有风险，但在实施过程中，实施人员容易跨入高风险区域。纳税筹划通常不存在这样的问题，因为其简单，要么顺利运用，要么就弃而不用。

那么，节税工程和纳税筹划的联系在哪里？作为节税途径演变的第四个阶段，节税工程的方法与纳税筹划的方法存在联系，纳税筹划所使用的基本方法和节税工程的辅助技法基本上是类似的，也就是说节税工程在基于"两大基石"、"三大手段"的前提下，依然要使用基于税基、税率和优惠政策的一系列方法，包括税基调节法、税率选择法和创造优惠法（这些方法我们后面的章节将详细讲述）。

从上面的这些分析中，我们不难看出，节税工程是对传统纳税筹划的颠覆，节税工程概念和理论体系的提出，将带来节税行为的革命性变化。最重要的是，节税工程将造就一大批真正的管理专家（而不仅仅是财务专家和税务专家），那些只知道站在财务角度狭隘地理解节税的所谓专家们，将失去生存的土壤。

四、节税工程的根本指导思想

走进书店，翻开 10 本纳税筹划方面的书，10 本内容都基本上是一样。这真是一种极度的悲哀。当我们翻看这些书，再听听那些所谓专家们的讲课和实践时，我们会更为悲哀地发现：纳税筹划已经沦落为一种"技术活"，一种"体力劳动"，而不再是管理技能。

问题的根本在于纳税筹划是就方法而论方法，已经没有理论高度和思想内涵。

节税工程的根本指导思想是：远离法规或靠近法规。

什么叫远离法规呢？远离法规不是违背法规，更不是抛弃法规。远离法规指的是如果法规是这么规定的，就创造条件，让你的经营行为不受这条规定的限制。

比如，《中华人民共和国企业所得税法实施条例》第二十三条第一款规定：以分期收款方式销售货物的，按照合同约定的收款日期确认收入的实现。收入一旦确认，税收义务就已经产生。如果我们在合同中对收款日期约定进行规划，就可以推迟收入确认时间，从而推迟税收义务的产生。这就是远离法规。

什么又是靠近法规呢？就是如果税收的规定对企业有利，就创造条件，让你的经营行为符合这个有利规定的范畴。

比如，《中华人民共和国城镇土地使用税暂行条例》第六条规定了免缴土地使用税的情形：国家机关、人民团体、军队自用的土地；由国家财政部门拨付事业经费的单位自用的土地；宗教寺庙、公园、名胜古迹自用的土地；市政街道、广场、绿化地带等公共用地；直接用于农、林、牧、渔业的生产用地；经批准开山填海整治的土地和改造的废弃土地，从使用的月份起免缴土地使用税 5 年至 10 年；由财政部另行规定免税的能源、交通、水利设施用地和其他用地。

　　有一个企业是经营休闲娱乐和度假，该场所占地面积相当大，其中包括很多绿地、人工湖等。如果全额缴纳土地使用税，那负担是很重的。于是，该企业的股东又去注册了两家公司，一家经营花木，一家经营水产养殖，再将绿地过户给花木公司，将人工湖过户给养殖公司，如此一来，就有大量土地属于"直接用于农、林、牧、渔业"了，具备了免缴土地使用税的条件了。但三家公司外部形象还是一个休闲娱乐和度假场所，不影响其经营。

　　节税工程提倡的是实现企业利益最大化，而不是单纯追求税负最低。因此，我们在实施"远离法规或靠近法规"这一思想的同时，必须要和企业利益最大化保持一致。当我们的节税工程与经营整体利益相冲突时，就应该调整我们的思路。

　　从节税工程的根本指导思想上我们也可以看出，熟练掌握税收政策法规，是实施节税工程的基本保证，但同时，要学习企业经营管理知识，尤其要熟知企业经营流程。为此，我们提倡企业各系统、各环节、各层次的管理人员，都应该学习必要的财务和税收知识，并学习管理知识，这样才能有效地配合节税工程的推进。

第二章

节税工程的方法论、两大基石与三大手段

一、节税工程方法论

方法论，指的是人们认识世界、改造世界的一般方法，是人们用什么样的方式、方法来观察事物和处理问题。

笛卡儿是法国数学家、科学家和哲学家，"怀疑一切"、"我思故我在"这些耳熟能详的名言，就是出自于他的著作。他对于世界最大的贡献，当数他的《方法论》。他在这一著作中提出的解决问题的步骤影响深远，这个步骤分为四步：第一步，怀疑一切，不接受自己不清楚的所谓真理；第二步，将要研究的复杂问题，尽量分解为多个比较简单的小问题，一个一个地分开解决；第三步，将这些小问题从简单到复杂排列，先从容易解决的问题着手；第四步，将所有问题解决后，再综合起来检验，看是否完全，是否将问题彻底解决了。

根据《方法论》的经典理论，我提出节税工程的方法论，以便广大企业管理工作者能够更容易掌握这一节税行为。节税工程的方法论，

或者说节税工程实施的一般方法是"从大处着手，从小处完善"。

1. 从大处着手

从大处着手，就是要求我们要有全局观和前瞻性。虽然是节税行为，但眼光不能仅仅局限于直接涉税的几个环节。

这里的"大处"指的是什么呢？就是我们的"两大基石"和"三大手段"，可以简称为"二加三"。当我们接受企业委托实施节税工程，或者我们自己所在企业需要实施节税工程时，我们首先分析企业生命周期、目前的经营特点、纳税方面的特点，然后梳理经营流程，看哪些方面与节税要求相一致，哪些不一致，同时也可以在中间找到突破口；接下来，就是拿"三大手段"来一一对照，看哪些方面存在节税潜力，或者说有创造节税的条件和可能。

通常来说，我们落实了"从大处着手"，一般就能够找到巨额节税的突破口和方法了。

2. 从小处完善

从小处完善，主要包括几个方面：一是将相关税收法规，逐条逐条与我们的节税行为核对，看我们的节税行为是否合法；二是逐个逐个经营行为梳理，看是否有遗漏；三是将整个节税工程中的行为整合起来，看是否与企业整体经营利益相冲突。

节税是一项风险较高的行为，稍有不慎就可能陷入偷税、逃税的泥潭。另外，税法一直处于不断完善的过程，每年都有大量新法规出台，加之企业经营本身的复杂性，致使节税也是一项极其复杂的工作，如果不从小处完善，很可能留下漏洞，这些漏洞就可能导致非主观偷税、逃税的存在。

我们可以打个比喻，以说明节税工程的方法论：从大处着手就是一座高楼从选址、土建到清水房落成；从小处完善则是对已落成的高楼进行装修，使之漂亮并适合居家或办公。

二、节税工程的两大基石

传统的纳税筹划是以企业会计准则、财务核算方法、税收法规为基石的，在很多时候，筹划专家是通过对经营行为进行规划和变通，以达到节税的目的。节税工程当然也离不开企业会计准则、财务核算方法、税收法规等，但节税工程是基于企业生命周期和企业经营流程闭合环来实现"从大处着手"的。

（一）企业生命周期

1. 企业生命周期理论

包括企业在内的任何一个组织，都是一个生命体，有其诞生、成长、成熟、衰退和消亡过程。美国管理学家爱迪思在其经典著作《企业生命周期》中，形象地用一个人的生命史来比喻企业的生命周期，将企业生命周期分为孕育期、婴儿期、学步期、青春期、盛年期、稳定期、贵族期、官僚化早期、官僚期、死亡。

爱迪思之后，不少管理学家完善和升华了他的理论。现在理论界对企业生命周期的划分更为简洁，通常划分为四个阶段（现在还没有统一的表述，但意思基本上是一致的）：创业期、成长期、成熟期和衰退期。当然，并不是所有企业都中规中矩地经历这四个阶段，中途夭折的企业很多，衰退之后再生的企业也很多，归纳起来，大致有三种类型：

（1）普通型。周期运行顺序是：创业期—成长期—成熟期—衰退期。普通型变化最为常见，60%左右的企业属于这种变化，没有大起大落。

（2）起落型。周期运行顺序是：创业期—成长期—衰退期—成熟期。起落型变化比较复杂，不易掌握，属于盛极而衰，大起大落之类型。这类变化企业的比例约占20%。

（3）晦暗型。周期运行顺序是：创业期—衰退期—成长期—成熟期。这类变化的企业与上述两类变化相比，一开始就陷入困境，当摆脱这种困境之后，才开始成长。这类企业的比例约占20%。

当然，现实中的企业情形远远不止上述三种类型，除了"创业期"位于最前端外，后面三个阶段没有固定的次序，三个阶段排列组合，将会产生相当多相当复杂的企业生命历程。

2. 为什么将企业生命周期作为节税工程的基石之一

当一个企业消亡，其税收义务丧失，节税工程也相应地消失了。因此，我们针对节税工程对企业生命周期各阶段的概念作一些调整，我们调整后的企业生命周期四个阶段表述为：创业期、成长期、扩张期和战略转移期。其中"扩张期"对应传统理论中的"成熟期"，当企业处于成熟阶段，具备一定规模和实力之后，才可能扩张，而只有扩张才会产生更多的节税需求。"战略转移期"对应"衰退期"，但又不完全等同于"衰退期"。企业衰落，甚至消亡，可以视为经营者投资的转移，关掉这家企业，投身到新的企业或行业是转移。另外，企业收缩业务，从多元化走向专业化也属于转移，但不是衰退，所以用"转移"一词来表述更为合理。

企业在生命的不同阶段，其实力不一样，社会责任不一样，经营者所采取的战略、管理方法、纳税能力和意愿也是不一样的，具体内容见表2-1。

表2-1　企业生命周期特点一览表

项目	创业期	成长期	扩张期	战略转移期
经济实力	弱	较弱	强	较强

项目	创业期	成长期	扩张期	战略转移期
社会责任	弱	较弱	强	较强
战略特色	发展型战略	发展型战略	稳定型战略	紧缩型战略
管理特色	简单粗放	逐步规范	规范甚至繁杂	繁杂并趋于混乱
纳税意愿	弱	较弱	强	较强
涉税风险	高或低	较高	高	较高

事实上，纳税意愿也是社会责任感的一种具体表现，这一意愿是随着企业经济实力的起伏而起伏的。这相当好理解，当企业实力较弱，现金流相当困难，挣扎于生死线上时，自然纳税意愿就较弱，当企业实力强大起来，现金状况良好，经营者就不会去冒税收方面的风险了，而更愿意通过高额纳税来提升企业和企业家的形象。

涉税风险和纳税意愿并不一定能保持一致。一般来说，企业实力越壮大，它所面临的涉税风险可能越大。在创业期，企业实力较弱，涉税风险高通常是因为经营者主观上偷税、逃税意识较强烈，倘若经营者主观上不偷税、逃税，风险就低，因为企业规模较小，非主观漏税额不可能太大。当企业经济实力壮大后，企业缴纳税收的绝对额较高，如果经营者主观上要偷税、逃税，就是大额偷税、逃税，风险当然很高；如果经营者主观上不偷税、逃税，但非主观的漏税额度也常常很大，则风险也是很高的。

节税工程除了考虑企业纳税意愿外，更多的要考虑企业涉税风险。通过节税工程的实施，使企业涉税风险为零，而且又能够降低税收成本。通过这样的分析，我们就不难看出把企业生命周期作为节税工程两大基石之一的原因了。从我们数年的实践来看，也只有基于对企业所处生命周期的阶段，以及该阶段的经营特点和税收特点准确把

125

握，才能够站在企业战略的高度来实施节税工程。

（二）企业经营流程闭合环

1. 企业经营流程

通俗地说，企业经营流程就是企业经营管理行为的过程。资金在企业中由货币形态转化为实物形态，再由实物形态转化为货币形态，然后再转化为实物形态……如此周而复始。这种转化是人的行为来促进的。企业经营和管理就是一个又一个行为，这些行为经过不同的节点和路线，构成了一个又一个流程；一个又一个流程连接在一起，就构成了企业经营的全部过程。在经营流程中，人是次要的，标准化的流程才是最重要的，当标准完善并固定下来之后，换了任何一个人，企业都可以优良地运转下去。

一个制造企业的经营总流程如图 2-1 所示。

2. 经营流程闭合环理论

货币资金从采购环节变成实物，经过生产加工，再在销售环节由实物变成货币，这就是一个流程闭合环。一个一个闭合环环环相扣，就是企业的持续经营和发展。

企业经营流程各个环节并不是孤立的，任何一个环节，都受到其他环节的影响，这一影响包括推动和制约。问题常常是在某一个环节显露出来，但是，如果仅仅从这个孤立的环节去解决问题，通常很难达到理想的效果。比如，生产环节某一天出了一个问题：停工待料一天。这个问题表面上是生产环节出现的，看起来是生产环节的责任，但如果我们从整个流程闭合环去分析它，就会发现有很多环节存在问题，有很多环节的负责人应该承担责任：

（1）采购环节未及时下单购料；

（2）财务部门未及时为采购部门准备资金；

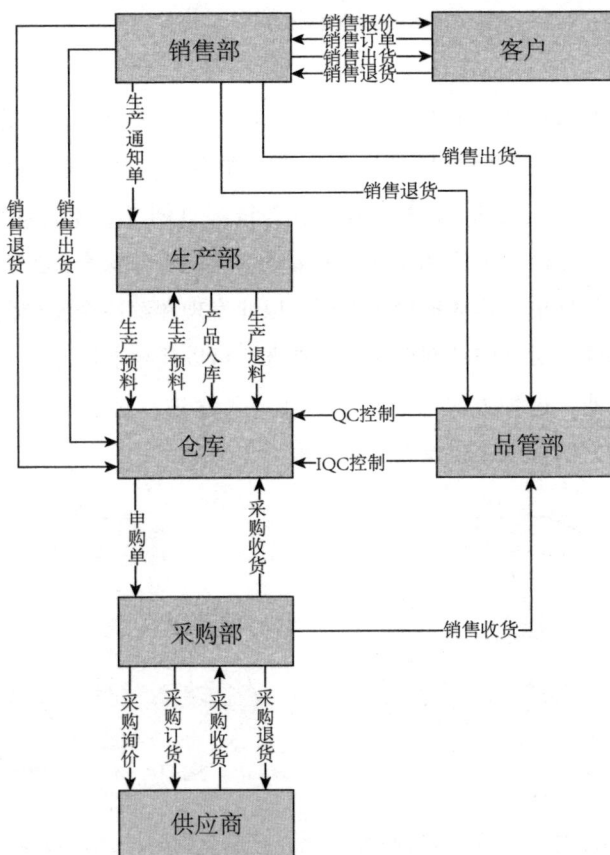

图 2-1 制造企业流程

（3）销售部门回款不力，导致财务部门预算失效；

（4）品质不过关，导致销售部门收不到钱；

（5）质检部门工作不力，导致品质不过关；

（6）研发部门关于品质检验的标准文件有问题，导致品检工作难以开展；

（7）研发部门标准文件有问题，是因为市场部反馈的信息不

准确;

……

大家都有责任，那怎么解决呢？这时，就需要企业高层管理者担纲，调动整个流程闭合环各环节的资源和力量，共同来解决这个问题。本书作者正是基于这种认识，在咨询界首创了"闭合环咨询法"（图2-2）。以经营流程和企业生命周期为导向，贯穿全部经营环节和企业整个发展史，形成辅导闭合环，以此发现和解决企业经营过程中的所有问题。对于问题型企业，这种方法可以让企业脱胎换骨；对于成长型企业，这种方法可以帮助企业突飞猛进；对于平台徘徊期企业，这种方法可以让企业更上一层楼。

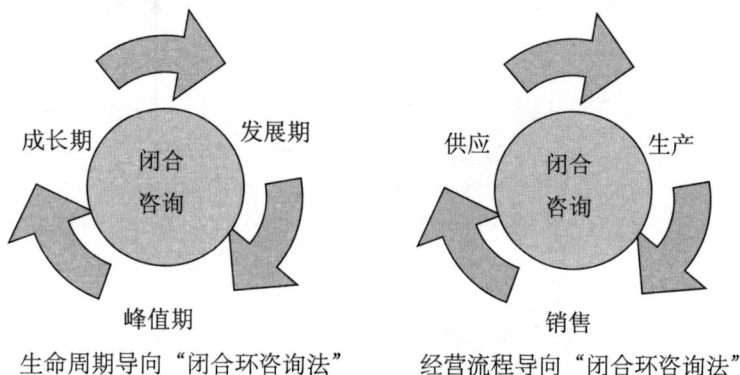

生命周期导向"闭合环咨询法"　　经营流程导向"闭合环咨询法"

图2-2　闭合环咨询法

3. 为什么将企业经营流程闭合环作为节税工程的基石之一

从上面的分析，我们看到，企业任何一个经营环节出现的问题，都和其他环节有关。税收问题也是一样的。

我们在实践中遇到这么一个案例：

某大型企业财务部经理有一件十分苦恼的事情，每个月增值税进项发票都无法按计划取得，企业少抵扣了进项税，白白多缴了增值税。这位财务经理所采取的措施是控制采购环节，凡是不提供增值税发票的，一律不付款。

这一措施一出台，就遇到很大的阻力：采购部门说不付钱材料拿不回来，生产部门说材料进不来产品就生产不出来，销售部门说没有产品我们当然完不成销售任务。这三个系统的负责人一齐向老板报告财务系统在"蛮干"，老板一气之下，把财务经理叫去狠狠地批评一通，要求废除不提供增值税发票就不付款的规定。

这个案例中的财务经理之所以失败，就是因为他没有从经营流程闭合环的角度去想办法和解决问题，而是采取了很多管理者都会采取的措施——简单地扼制自己的上流环节。事实上，这是一个财务和采购互动，同时取得生产、销售环节支持的事情。

在我们接受委托之后，我们对相关因素进行了分析，召集了一次由各个系统负责人和具体执行人员参加的会议。在会议上，我们首先给他们算了一笔税收账，然后分解责任，让每一个系统认识到索取增值税发票不仅仅是财务部门的事情，也是大家的事情，是关系到企业整体利益的事情。在会上，生产和销售部门对财务的要求表示了理解和支持，表示如果因为是索取发票影响了生产进而影响销售，他们不向财务部门和采购部门追究责任。经过讨论，最后达成的解决方案如下：

（1）采购部门完善预算体系，为财务部门提供准确的资金需求计划。

（2）采购部门在签合同时，就签定有关索取发票的内容，财务部门合理安排资金确保按合同规定时限支付资金，采购部门在付款时索取增值税发票。

供应商出于税收方面的考虑，在没收到货款时，常常不开发票，以达到不确认销售收入的目的。如果支付了货款，就没有不开发票的理由了。一个看似采购部门的事情，最后还是得由采购部门和财务部门共同来解决。

企业中任何一个问题，都是牵一发而动全身的。系统性地解决节税问题，就离不开对整个流程闭合环的解剖和分析，这是我们把流程闭合环作为节税工程两大基石之一的原因。

三、节税工程的三大手段

节税工程的三大手段，涉及企业经营的多个方面，而且很多是涉及战略层面的问题，如治理结构涉及股权设置，地域布局涉及资源与市场整合，产业布局涉及投资者的投资倾向。这种高度，已经远远超出了财务和税收的范畴，实施节税工程的人员，不仅要眼界开阔，还要敢于大胆构想。

下面，我们逐一介绍这三大手段。

（一）科学选择企业组织形式和控制方式

1. 企业组织形式

企业组织形式有多种划分标准，我们这里从涉税角度来进行形式的划分。在新所得税法出台之前，内资和外资是重要的划分标准，但新所得税法出台之后，内资企业和外资企业所得税税率保持一致了，因此我们不再考虑内资和外资问题。

1）按企业责任划分

我们可以将企业划分为个体工商户、个人独资公司、合伙企业和有限责任公司几种形式。为什么这样划分呢？原因在于不同企业形式的税负是不一样的。

税法规定个体工商户的生产经营所得和个人对企事业单位的承包

经营、承租经营所得，适用 5%～35% 的五级超额累进税率。个人独资企业投资者的投资所得，比照个体工商户的生产、经营所得征收个人所得税。合伙企业是指依照《合伙企业法》在中国境内设立的，由各合伙人订立合伙协议，共同出资、合伙经营、共享收益、共担风险，并对合伙企业债务承担无限连带责任的营利性组织。在合伙企业中合伙损益由合伙人依照合伙协议约定的比例分配和分担。对合伙企业已经停止征收企业所得税的，各合伙人的投资所得，比照个体工商户的生产、经营所得征收个人所得税。由此看来，个体工商户、个人独资企业、合伙企业所得税税负是一样的。

有限责任公司的税负却明显区别于前三种企业。有限责任公司是由两个以上股东共同出资，每个股东以其认缴的出资额对公司承担有限责任，公司以其全部资产对其债务承担责任。作为投资者的个人股东以其出资额占企业实收资本的比例获取相应的股权收入。作为企业法人，企业的利润应缴纳企业所得税。当投资者从企业分得股利时，按股息、红利所得缴纳 20% 的个人所得税。这样，投资者取得的股利所得就承担了双重税负。

很显然，采取不同责任形式的税负是不一样的。节税工程在选择企业责任形式时，一定首先对税负进行测算。当然，在考虑税负的同时，还要考虑责任风险，有限责任公司承担有限责任，无限责任公司承担无限责任，从长远发展看当然选择有限责任公司形式更好，选择无限责任形式，通常只是企业发展初期的一种规划，或者是在企业生命周期其他阶段作为一种并存的企业形式。

2) 按企业规模划分

我们按规模来划分企业，是基于税法有这样的规定。

2008 年 1 月 1 日正式实施的新的企业所得税实施条例中规定，一般情况下，企业所得税税率为 25%；符合条件的小型微利企业，减按

20%的税率征收企业所得税；国家重点扶持的高新技术企业，减按15%的税率征收企业所得税。

国家税务总局公告 2019 年第 2 号对小型微利企业标准作了以下规定：从事国家非限制和禁止行业，且同时符合年度应纳税所得额不超过 300 万元，从业人数不超过 300 人，资产总额不超过 5 000 万元。对高新技术企业的认定指标是：拥有核心自主知识产权；产品或服务属于《国家重点支持的高新技术领域》规定的范围等。

选择不同规模的企业形式，税负是不一样的。可能有读者要问：企业规模不是我们能够选择的啊。的确，企业小时，要"选择"大规模不可能，但企业大时，选择小规模却是可能的，如将一个较大规模的企业从法律意义上拆分为几个"小型微利企业"是可能的，尤其是连锁企业。

对于小型企业，还有一种纳税方式上的选择：核定征收和查账征收。核定征收就是税务部门给企业核定每月纳多少税，或者核定利润率，将核定利润作为计税基础。查账征收就是建立完善的财务账目，按实际营业收入和相应的税率计算缴纳税款。

3）一般纳税人和小规模纳税人

就增值税而言，我们要重点考虑一般纳税人和小规模纳税人两种形式的选择。因为税负存在差异。

《增值税暂行条例》第二条规定了一般纳税人的适用税率："（一）纳税人销售或者进口货物，除本条第（二）项、第（三）项规定外，税率为13%。（二）纳税人销售或者进口下列货物，税率为9%：1. 粮食、食用植物油；2. 自来水、暖气、冷气、热水、煤气、石油液化气、天然气、沼气、居民用煤炭制品；3. 图书、报纸、杂志；4. 饲料、化肥、农药、农机、农膜；5. 国务院规定的其他货物。（三）纳税人出口货物，税率为零；但是，国务院另有规定的除外。(四) 纳税人提供加工、修理修配劳务 (以下称应税劳务),税率为13%。"

《增值税暂行条例》第十二条规定小规模纳税人增值税征收率为3%。

很多人认为一般纳税人的税负比小规模纳税人税负高,其实并不尽然。如果一般纳税人企业的供应商大多是小规模纳税人,这个企业无法从上游企业取得增值税进项发票的话,那么它的增值税税负可能远远高于小规模纳税人。因此,选择哪一种形式,也是需要进行事前测算的。

4) 多种形式的企业并存

节税工程是跨系统甚至跨企业的节税行为,当企业形式越多越复杂,节税工程实施的空间也就越大。因此,除非是创业初期资金非常有限,我们都建议投资者成立多个企业,不同企业采取不同的形式,从而形成税负落差,为税负转嫁创造条件。2009 年,《特别纳税调整实施办法》出台后,这种利用税负落差转嫁税负变得更为困难,稍不注意就可能与法规相抵触,但基本的思路还是可以继续运用。

我们可以形象地用两个杯子来表示不同形式企业之间的税负。如图 2-3 所示,将两个不同的企业比作两个不同的杯子,假如从 A 杯

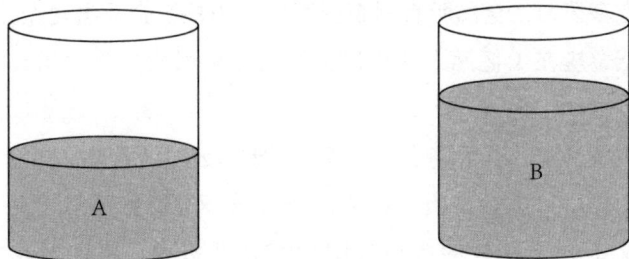

图 2-3 税负落差

里倒出水时，税务部门收取25%的税，而从 B 杯里倒出水时，税务部门收取15%的税，那么，我们主观上就会想一个合符税收法规的方法让 B 杯尽量多装水，让 A 杯尽量少装水。这里的水就代表产品，倒水代表产品销售，装水代表产能分配。产能分配不同于收入转移，收入转移是避税，是打击的对象，而产能分配是合法的，企业投资者有权安排各个企业产能的多少。

2. 控制方式

我们这里说的控制方式，指的是股东以产权为纽带对自己所投资的企业采取什么样的控制方式，不是单个企业内部的控制方式。单个企业内部采取何种控制方式，只是管理手段不同而已，与节税工程关系并不密切。

我们在这里主要从两个方面去讨论控制方式，一是是否注册集团公司，二是控股还是不控股。

第一，是否注册集团公司。

成立集团公司的条件有四个：一是企业集团的母公司（核心企业）注册资本在 5 000 万元人民币以上，并至少拥有 5 家子公司；二是母公司（核心企业）和其子公司的注册资本总和在 1 亿元人民币以上；三是企业集团的母公司（核心企业）应登记为有限责任公司或股份有限公司，全民所有制企业可以作为核心企业组建企业集团，但注册资金应在 1 亿元人民币以上；四是集团成员单位均具有法人资格。

在现实当中，有很多企业具备注册集团公司的条件，却没有注册集团，而是以"虚拟集团"的方式进行管理，财务部门站在一个从法律意义上并不存在的虚拟集团角度合并报表，并将报表报送给股东。

比如，有 5 个相互独立的企业，都是同一个老板投资的，条件符

134

合注册集团公司，老板没有去注册一个集团公司，但他要求财务部每月向他提供5个公司的合并报表。于是，从财务角度，就必须有一个虚拟的集团公司，5个子公司向上合并报表，如图2-4所示。

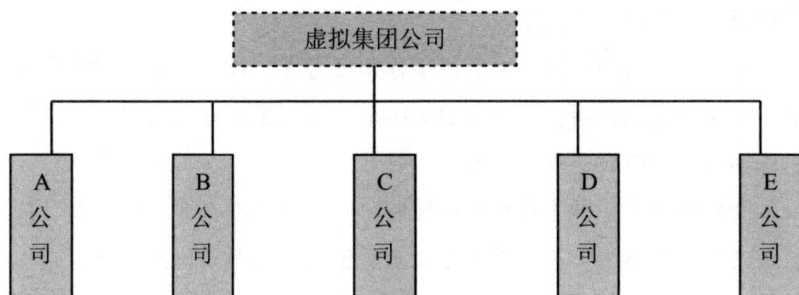

图2-4 虚拟集团控制方式

同时，我们也注意到，现实中很多老板，为了显示自己有实力，以便更好地开拓市场更好地做生意，明明不具备集团公司的条件，也号称集团公司。这个时候，财务常常也需要设一个虚拟集团，以此为核心合并报表。

是否注册集团公司，除了对企业的管理控制方式不同外，对税收也有很大的影响。

《中华人民共和国企业所得税法》第五十条："居民企业在中国境内设立不具有法人资格的营业机构的，应当汇总计算并缴纳企业所得税。"事实上，很多集团公司结构为母子公司结构，母公司和子公司都是独立的法人，不能汇总缴纳所得税，成立集团公司的税收意义已经不大了。

此外，中华人民共和国国家税务总局国税公告2016年第42号对企业关联交易也有明确的规定，这些规定甚至称得上"相当严格"，其中列举的8种关联类型基本上涵盖了所有可能存在的关联关系，传统的避税和纳税筹划在这方面基本上没有多少实施空间了。而且，当关联关系存在时，纳税人员的人力成本也会大大增加，企业进行年度企业所得税申报时，要同时申报关联交易，相关资料相当繁杂。在配合税务机关进行关联交易的纳税调整，以及配合反避税调查过程中，也将付出很高的人力成本。

鉴于此，我们认为，从节税工程角度考虑，在不影响经营的前提下，不注册集团公司，而以虚拟集团模式管理是较好的选择。

第二，是控股还是不控股。

股权控制是一种非常重要的控制方式。这是在企业诞生之前，应该考虑的节税行为。这里要考虑股东身份选择和股份比例选择，是以自然人股东出现，还是以法人股东出现，是控股还是不控股。

如果以法人股东身份出现，当股份达到一定比例时，就需要合并报表，按照权益法进行核算。这种关联关系一方面加大了风险，当一个企业出现大问题，另一个企业可能受到牵连，另一方面更容易引起税务监管部门的关注。而以自然人股东出现，一方面不需要合并报表，另一方面关联关系更为隐蔽。有的读者可能会说，这样做会影响企业长远发展，比如将来想运作上市怎么办？如果将来要运作上市，可以实施并购行为，以股权收购等方式将被投资企业"装入"事实上的母公司，并且是根据需要来"装"，可操作空间非常巨大，做业绩题材也丰富。

再看是否控股问题。国家税务总局公告 2016 年第 42 号第二条就是以持股比例来认定是否具备关联关系的："一方直接或间接持有另一方的股份总和达到 25% 以上，双方直接或者间接同为第三方所持有的股份达到 25% 以上。如果一方通过中间方对另一方间接持有股份，只要其对中间方持股比例达到 25% 以上，则其对另一方的持股比例按照中间方对另一方的持股比例计算。"在这里，25% 的持股比例是一个分界线。该办法"以上"是包括本数的，也就是说，当持股达到

25%时，就是关联企业了。很多企业为了规避这个关联关系，设置了"影子股东"。

"影子股东"就是挂名股东，不是真正的股东。也就是说，有的企业表面上有几个股东，如张三和李四，可事实上这个公司却是个人独资企业，张三或李四只是挂名，挂名的就是"影子股东"，不是真正意义上的股东。还有一种情形是，张三和李四都是挂名的，真正的股东根本没有出现在股东名册（有些官员或公务员就是这样当股东的）。"影子股东"应当是真正的股东可以完全控制的人，否则可能产生产权纠纷甚至诉讼，虽然最终因为影子股东未持有出资证明文件而无法取得事实上的股权，但解决纠纷和诉讼都是很费时费力的事情。

当某企业事实上控股另一企业时，比如持股51%，避税人员便会建议企业持股24%，另外找两个"影子股东"持有另外的27%。"影子股东"的做法，是一种较为隐蔽的避税手段，属于反避税范畴，我们在此不提倡。我们的建议是：除非是经营所必须或产权保护需要，企业与企业之间尽可能不控股。

（二）在地域上或产业上合理布局生产资源和生产能力

在地域上合理布局生产资源和生产能力，主要是从经营需要来考虑的。比如，某企业产品行销全国，生产基地却位于广东省珠海市，其产品的运输半径相当长，运输成本相当高。这时，这家企业可能考虑在中原地带再设置一个生产基地，以缩短运输半径。这一行为就是合理布局生产资源和生产能力。

从税收角度考虑在地域上合理布局生产资源和生产能力，则是基于不同地方税收优惠不同，存在事实上的税负落差。

《企业所得税法》第二十九条规定："民族自治地方的自治机关对

本民族自治地方的企业应缴纳的企业所得税中属于地方分享的部分，可以决定减征或者免征。自治州、自治县决定减征或者免征的，须报省、自治区、直辖市人民政府批准。"另外，西部大开发也有一些税收优惠政策。进入这些地区和不进入这些地区，税负不一样。有人会说，这些地方都是落后地方，谁去啊？当然有人去，即使不去的人，也可能为了节税而在那里办一个关联子公司。

虽然所得税法作了修改，但某些地方政府为了招商引资，制定了相应的优惠政策，比如税收地方留成部分返还给企业（甚至流转税也返还，操作手法是用财政资金以"奖励"或"补贴"名义返还，税务这边全额照收，收支两条线，上级税务部门来检查都未必能够发现），进入该行政区域和不进入该行政区域，税负不一样。

某些区域为了"放水养鱼"，对进入本区的企业，大多实行核定征收，并且核定的额度相对偏低，进入该区域和不进入该区域，税负不一样。

某些地方为了吸纳税源，搞"总部基地"，生产经营其实都不在该区域，不过是设置了一个"总部"，甚至只是租了几间房子在那里。虽然只是一个形式，但好处却是很多，该区域对这些"总部"实行暗地里的税收返还和财政"奖励"。

除了所得税法第二十九条规定的地区优惠是堂而皇之的优惠外，上述后三种情形常常是"曲线"优惠，税款从税收口进，从财政口出，表面看起来和税收丝毫不沾边，致使税务部门无法监管。地方政府怎样操作，是地方政府的事情，风险也在地方政府，作为企业一方，不妨充分利用这种地域税负落差。

当只有一个企业时，在不违背经营整体利益前提下，尽可能选择事实税负低的地域投资建企业。不过，节税工程通常要求投资者在条件具备的情况下，多点布局，就是同时设置几个生产基地，根据税负

138

落差安排产能，税负低的地方多产出，税负高的地方少产出，同时根据《特别纳税调整实施办法》的规定，运用节税工程"远离法规或靠近法规"的指导思想，实现成本和费用的合法转移。

在地域选择时，节税工程实施人员要有全局意识，就如同下象棋，整个中国甚至全世界就是你的棋盘，你的落子除了从经营角度考虑外，还要从税法角度考虑，获取利益最大化。

在新税法之下，"区域优惠"已经转为"产业优惠为主，区域优惠为辅"。但在现实工作中，老板投资什么产业，其实是早已成定局，是不容易改变的，也不是财税人员建个议就可以改变的。比如，老板熟悉房地产行业，你却让他投资文化产业，那不是葬送他的前途吗？所以，我们这本书，还是主要考虑"区域优惠"，充分利用这些节税空间，其次才考虑产业优惠。

产业布局的优惠政策依据如下：

《中华人民共和国企业所得税法》第二十五条："国家对重点扶持和鼓励发展的产业和项目，给予企业所得税优惠。"

《中华人民共和国企业所得税法》第二十八条："国家需要重点扶持的高新技术企业，减按15%的税率征收企业所得税。"

《中华人民共和国企业所得税法》第三十一条："创业投资企业从事国家需要重点扶持和鼓励的创业投资，可以按投资额的一定比例抵扣应纳税所得额。"

这里国家重点扶持和鼓励发展的产业、项目在《国家重点支持的高新技术领域》有详细的规定，读者可以通过网络查找。

（三）整合及再造企业经营流程

迈克尔·哈默是美国当代著名的管理学家，他提出的"企业再造（Business Transformation，BT）"理论和"业务流程重组（Business

Process Reengineering，BPR）"理论风靡全世界。其中"业务流程重组"指的是以业务流程为改造对象和中心、以关心客户的需求和满意度为目标，对现有的业务流程进行根本的再思考和彻底的再设计，利用先进的制造技术、信息技术以及现代的管理手段，最大限度地实现技术上的功能集成和管理上的职能集成，以打破传统的职能型组织结构，建立全新的组织结构，从而实现企业经营在成本、质量、服务和速度等方面的巨大改善。

由于节税工程是一个"牵一发而动全身"的系统性工程，要有效地实施，必须对企业现有流程乃至与流程有关的人员、人员权利和责任进行梳理、改善和重新设计。因此，我们在这里套用业务流程重组的理论，当现有流程妨碍节税工程的实施，或者与节税工程的实施不相适应时，就需要对企业经营流程进行整合及再造。我们可以对节税工程中的业务流程重组作如下定义：节税工程中的业务流程重组，指的是以节税为目的，对现有的业务流程进行根本的再思考和再设计，利用先进的管理手段，最大限度地实现资源的集成，以打破传统的职能组织分隔，化解节税阻力，从而实现综合税负最小化和综合利益最大化。

我们这里所说的流程重组，可能是单个企业内部流程的重组，也可能是多个企业整体流程的重组（常常伴随企业形式、组织结构和控制方式的变革），后者节税空间比前者大得多，前者常常是基于清除节税阻力，后者除了清除阻力外，常常可以直接产生节税额。

整合及再造企业经营流程，常常可以产生新的节税空间。例如，某制造企业产品生产出来后，由销售部门发往各经销商。2008 年度收入总额为 1 亿元，业务招待费为 100 万元。按现行税法规定，该企业业务招待费超支额为 100 万元 -（1 亿元 ×0.5%）= 50 万元。如果再造企业经营流程，该企业将销售部门剥离出去，设立一家具备独立法人资格的销售公司，制造企业将生产出来的产品销售给销售公司，总价为 9 000 万元，销售公司再销售给经销商，总价为 1 亿元。在开支业务招待费时，制造公司和销售公司各承担一半，各开支 50 万元。如此一来，制造公司业务招待费超支额为 50 万元－（9 000 万元×0.5%）＝5 万元，销售公司业务招待费超支额为 50 万元－（1 亿元×0.5%）＝0 万元。很显然，业务流程再造之后，纳税调整总额由原来50 万元降低为 5 万元了，企业少缴了所得税为 45 万元×25%＝11. 25万元。

有的人可能会说，变革企业形式或组织结构，动作太大了，运作起来很困难。事实上，在很多时候，只不过是增加一张营业执照而已，再增加一套财务账务而已，原来的一切并没有多大变化。

在有的时候，虽然不会产生新的节税额，但迫于税务压力，也有必要对流程进行再造。这里有一个案例，某企业总部在 GZ 省省会，另有一个非独立法人的 A 生产基地 GZ 省某地级市。A 生产基地生产出产品后，运往总部，再由总部统一发住全国各大经销商。A 生产基地不具备独立法人资格，税收可以合并到总部缴纳，但 A 生产基地所在地税务局出于保护当地税源考虑，要核定 A 生产基地的产值，并要求缴纳增值税和所得税。经与税务协商，税务局要求 A 基地注册独立法人，并申报为一般纳税人。该企业按照税务局的意思办理了，业务流程却没有变，依然是产品运往总部，总部再卖出去。为了适应 A 基地地方税务局的要求，A 基地向总公司开出增值税发票，总部用以抵扣。由于没有新的增值额，总部再销售出去时，是平价出去，自然不会产生增值税，这样一来，总部所在地税务局又有意见了：你这么大额度的进出，没有税收，怎么说得过去？迫于压力，总部改变了业务流程：依然是总部统一配货，但 A 生产基地的产品直接发往全国各地经销商。如此一来，A 生产基地所在税务局和总部所在税务局都没有意见了。

(四) 三大手段小结

上面我们讲述的节税工程的三大手段，并不表示每一个节税案都要用到这三个手段，有时可能用到一个，有时可能两个，有时也可能三个都用。

当面对一个节税案时，我们可以问自己三个问题（我们称之为"节税三问"）：

（1）变通一下企业组织形式和控制方式，有节税空间吗？

（2）在地域布局上面下点功夫，有节税空间吗？

（3）变革一下业务流程，能否节税？

对这三个问题逐一思考，通常就能够找到突破口。这三个问题基本上涵盖了所有大手笔的节税点。

传统纳税筹划的很多方法，其实存在诸多前提条件，并不适合所有企业。比如，在一本纳税筹划书中提到一个案例，为了降低整体消费税，将一个生产白酒的上游企业和一个生产药酒的下游企业合并，理由是药酒消费税税率低。这的确是一个好方法，但是，天底下有几个企业是用白酒来生产药酒呢？我们的"三大手段"却是适用于所有企业的，无论你是什么行业，无论你是什么产品，从"三大手段"出发，都能够找到节税点。这又一次映证了"节税工程是大手笔，纳税筹划是小儿科"的观点。

第三章

节税工程的辅助技法

我们在本篇第一章对比节税工程和纳税筹划时曾经提到,节税工程的方法与纳税筹划的方法存在联系,纳税筹划所使用的基本方法与节税工程的辅助技法基本上是一致的,在这方面,我们没有必要刻意去标新立异。我们在使用"三大手段",找到突破口和节税点时,离不开这些辅助技法的运用。

归纳起来,节税工程的辅助技法主要包括三类(只三类,没有纳税筹划方法那么繁多):税基调节法、税率选择法、创造优惠法。

一、税基调节法

所谓税基,就是计税的基础,或者说计税的基数,也称作计税依据。流转税的计税依据为销售额或营业额,所得税的计税依据为应纳税所得额,房产税的计税依据为房产账面原值或租金额。

税基调节法,就是纳税人利用市场经济中经济主体的自由定价权,以价格的上下浮动作为节税规划的操作空间,或者是利用对成本核算方法的选择权，从而达到少纳税或推迟纳税义务发生时间的目的。这一方法，也常常被称作"转让定价法"。

国家税务总局公告 2017 年第 6 号所发布《特别纳税调查调整及相互协商程序管理办法》针对转让定价有诸多规定，节税操作难度相对要比原来大得多了。为此，我们提出转让定价与转移产能相结合(后者更值得提倡)。

税基调节法，概括起来又包括下面三种形式。

1. 税基转移

税基转移就是将计税基数从一个纳税人转移到另一个纳税人。当然，前提是这两个纳税人属于同一利益团体，不然就肥水流到外人田了，此外，两个纳税人还得有税负落差，转移才有利可图。

这一方法是充分利用享受税收优惠的关联企业来实现，将增值或利润尽可能地在享受税收优惠政策或处于低税率地区（或产业）的企业实现（有时出于经营和经济目的，也可能反向操作）。比如福利企业和其关联企业之间的转移、高新技术企业与其法人股东之间转移、母子公司之间转移、国内外企业之间的转移等。

虽然包括《特别纳税调整实施办法》在内的相关法规对税基转移的限制越来越严格，但这种方法依然会一直存在下去，主要原因在于：纳税人定价自主权以及市场的复杂多样性使税务调查难度加大，品牌产品、专利产品等不可比因素日益增加，衡量无形资产交易价格、特许权使用费等方面的尺度本身难以掌握。

2. 税基延迟

税基延迟就是让计税依据从眼前推迟到未来，从而让纳税义务延迟发生，企业获取货币时间价值并缓解目前资金压力。税收法规中有关于递延纳税的直接规定，此外，纳税人可利用对会计政策和税收政策的选择来达到调节税基期间分布的目的。

这种行为表面上并没有减少税额，早晚还是得缴纳相对应的税款。但是，对资金运用有一些了解的读者都知道，推迟纳税义务，原本用于纳税的资金用于经营，每周转一次，就获取一次资金额乘以纯利率的利润。

税基延迟，包括以下两种最常见的方式：

（1）推迟收入确认。在收入确认时间上花工夫，是税基延迟的一种重要方式。我们在从事税务咨询和税务检查过程中，发现不少企业充分利用"分期收款发出商品"这个科目，同时在销售合同中约定具体的收款时间，这就是税基延迟的典型操作手法。

（2）合理安排亏损弥补。合理安排亏损弥补，也是税基延迟的重要方式。以前年度有巨额亏损未弥补时，纳税人常常选择将一些可调节的非主营业务收入（比如视同销售所得）计入当期；如果处于正常纳税，既无减免也无要弥补的亏损，纳税人则会选择将这些可调节的非主营业务收入计入以后年度。

此外，在有的企业重组过程中，也可能实现税基延迟甚至不纳税，比如甲企业想购买乙企业某宗土地，一旦购买，就涉及资产交易的增值税、土地增值税、所得税、契税等等。但如果两个企业实行重组合并，甲企业整体吸收合并乙企业，资产交易涉及的增值税、所得税、契税等不再缴纳，而土地增值税的缴纳时间也因此延迟。

3. 税基降低或控制

税基降低或控制是单个企业内部经常使用的节税方法，无论偷税、避税、纳税筹划还是节税工程都常常用到，所不同的是，纳税筹划和节税工程是采取的合法方式。税基降低就是使计税依据降低，税基控制就是通过各种交易文书和票据使计税依据控制在某一水平。

关于税基降低或控制的形式是多种多样的。增值税实际上是对销售增值额纳税，如果将增值额控制在较低水平，缴税就较少；所得税

145

是按照利润额来纳税，如果加大成本费用，将利润降低，也就达到了降低所得税的目的。

例如，某制造企业年年广告费和业务招待费超标，于是将销售部门独立出去，注册为一家独立的销售公司。广告费和业务招待费再也不超标了，但因为制造企业位于一个偏远山区，按1%缴城建税，而销售公司位于中心城市按7%缴纳城建税，很显然原来全部由制造企业缴纳的城建税现在由销售公司缴纳一部分时，企业等于是增加了税负。

于是，企业给销售公司签了一个代销合同，将销售公司的增值额限制得很低，大部分增值税还是制造企业缴纳，销售公司只缴纳小部分，城建税的税基是增值税，因为销售公司增值税转移到了制造企业，城建税相应地就少缴纳了。假设原来制造企业每件产品按100元的不含税价格销售给销售公司，销售公司按150元的不含税价格再卖出去，销售公司每件产品的增值税是$150 \times 13\% - 100 \times 13\% = 6.5$元，相应的城建税是$6.5 \times 7\% = 0.455$元。如果制造公司按140元的不含税价值将产品销售给销售公司，销售公司依然按150元的不含税价再卖出去，则销售公司每件产品的增值税为$150 \times 13\% - 140 \times 13\% = 1.3$元，相应的城建税为$1.3 \times 7\% = 0.091$元。制造企业将价格100元提高为140元，销售公司每件产品少缴的增值税为$6.5 - 1.3 = 5.2$元则由制造企业来缴，但制造企业是按1%缴纳城建税：$5.2 \times 1\% = 0.052$元，比起由销售公司缴纳的$5.2 \times 7\% = 0.364$元低了许多。

二、税率选择法

税率选择法指的是通过规划，使应税行为所适用的税率由较高税率合法地转换为较低税率。主要包括四种情形：在累进税制下对较高级次边际税率的回避，通过税目间的转换改变适用税率，通过税种间的转换改变适用税率，利用税率优惠向低税率或零税率转换。

1. 降低边际税率

现行税制中有超额累进税率和超率累进税率两种，前者是个人所得税，后者是土地增值税。对于个人所得税，通常是通过控制超额的额度实现节税，对于土地增值税，通常是通过控制增值率进行税收筹划。

《土地增值税暂行条例》第七条规定："土地增值税实行四级超率累进税率：增值额未超过扣除项目金额50%的部分，税率为30%；增值额超过扣除项目金额50%、未超过扣除项目金额100%的部分，税率为40%；增值额超过扣除项目金额100%、未超过扣除项目金额200%的部分，税率为50%；增值额超过扣除项目金额200%的部分，税率为60%。"很多房地产企业为了避税，常常在设法降低增值额，将增值额控制在扣除项目的50%范围之内。这些行为中，有的是合法的，但也有相当一些属于不合法的偷税行为。比如我们在税收检查中就发现，某房地产公司为了少缴土地增值税，与建筑公司勾结起来，虚开发票增加建安成本，双方再从少缴的土地增值税中间分成。

2. 税目转换

有时候，同一个税种有多个税目，而这些税目之间的适用税率是不一样的。这种税目之间税率的差异存在，为节税提供了空间。税目转换，通常是从高税率的税目转向低税率的税目。

比如，一个老板是拿高工资还是拿股东分红，就需要通过节税安排，因为工资是按超额累进税率计算个人所得税，而分红是固定的20%缴纳个人所得税。

消费税也存在这种情形，比如啤酒就分为甲类和乙类，甲类按250元/吨征收消费税，而乙类按220元/吨征收消费税。

3. 税种转换

比如房地产企业涉及土地增值税，但如果房地产企业把利润体现在建筑公司，建筑公司没有土地增值税，但建筑公司利润增加会多缴纳增值税。这就相当于土地增值税转换成了增值税。

此外，合理安排混合销售及兼营业务，也可以实现税目的转换。比如制造企业运输费通常是并在主营业务中缴纳13%的增值税，但当该企业的销售规模很大时，自己注册一家物流公司，将运输费单独核算，运输费就按9%的增值税缴税了。有些企业为了达到避税的目的，甚至与客户串通，人为地降低产品售价，而将售价转移到运输费中去，客户是小规模纳税人，不需要进项抵扣，乐意配合。

4. 利用优惠政策选择税率

税收优惠如果是免征，就相当于零税率，如果减半征收，就相当于降低了一半的税率。利用优惠政策，也是税率选择的重要途径。关于这一点，我们将在下文中详细讲述。

三、创造优惠法

享受税收优惠，有时条件是现成的，但有时并不具备条件，所以需要创造条件。创造优惠法，是"靠近法规"思想的体现，即通过变通使应税行为符合税收优惠的要求，从而达到节税的目的。归纳起来，税收优惠有三种形式：税基优惠、税率优惠和税额优惠。

1. 税基优惠

税基优惠，就是通过一定的合法手段，使计税依据绝对额降低，从而达到节税的目的。这里以技术研发费为例加以说明。

企业从事《国家重点支持的高新技术领域》和国家发展改革委员会等部门公布的《当前优先发展的高技术产业化重点领域指南

（2007 年度)》规定项目的研究开发活动，其在一个纳税年度中实际发生的下列费用支出，允许在计算应纳税所得额时按照规定实行加计扣除。针对这一条政策，我们首先要创造的条件，就是让自己企业的研发行为符合本条的规定。

财税 2015 年 119 号、财税 2018 年 64 号、国家税务总局公告 2015 年 97 号等文件都涉及加计扣除。财税 2018 年 99 号文件加大了加计扣除力度：（一）研发费用计入当期损益未形成无形资产的，允许再按其当年研发费用实际发生额的 75%，直接抵扣当年的应纳税所得额。（二）研发费用形成无形资产的，按照该无形资产成本的 175% 在税前摊销。我们要创造条件，使我们的研究成果形成无形资产，途径包括相关部门认定和专利申请等，以达到税前 175% 摊销的目的。如此一来，所得税的税基自然降低了。

2. 税率优惠

税率优惠指的是根据税收法规规定，允许企业选择较低的税率纳税。当企业刚好符合税率优惠当然是再好不过的事情。当条件不充分时，就需要创造条件。

企业所得税法规定，一般的企业按 25% 缴纳企业所得税，小型微利企业减按 20% 的税率征收企业所得税，国家需要重点扶持的高新技术企业，减按 15% 的税率征收企业所得税。这种落差式的税率，就为节税工程提供了空间，在不违背经营整体利益的前提下，可以创造条件，让企业 25% 的税率向 20% 税率或者 15% 税率转换。

3. 税额优惠

税额优惠最常见的是税收返还、税额抵减和抵免。某些地方政府为了招商引资，实施了税收地方留成部分返还，就属于该范畴。购买环保节能专用设备抵免所得税，也属于该范畴。

国税总局发布了《关于停止执行企业购买国产设备投资抵免企

业所得税政策问题的通知》（国税发〔2008〕52号）文件规定，自2008年1月1日起，停止执行企业购买国产设备投资抵免企业所得税的政策。

但购设备抵税方面，依然还有节税空间。《中华人民共和国企业所得税法》第三十四条规定：企业购置用于环境保护、节能节水、安全生产等专用设备的投资额，可以按一定比例实行税额抵免。《中华人民共和国企业所得税法实施条例》第一百条规定：企业所得税法第三十四条所称税额抵免，是指企业购置并实际使用《环境保护专用设备企业所得税优惠目录》、《节能节水专用设备企业所得税优惠目录》和《安全生产专用设备企业所得税优惠目录》规定的环境保护、节能节水、安全生产等专用设备的，该专用设备的投资额的10%可以从企业当年的应纳税额中抵免；当年不足抵免的，可以在以后5个纳税年度结转抵免。

这两条规定，就可以充分利用，以实现税额优惠。当企业不完全符合税额优惠政策时，就需要进行税额优惠创造。

第四章

节税工程向前一步是偷税、逃税

节税工程因为是从企业战略高度出发，运用"两大基石"和"三大手段"实施节税，节税额相当可观，必然会受到众多企业的追捧。但节税工程一定要建立在合法基础之上，节税工程与偷税、逃税实际上只有一步之遥，如果采取非法的手段，就是做得过头，陷入了偷税、逃税的泥潭。

我们之所以单独用一章的篇幅来讲述"节税工程向前一步是偷税、逃税"，目的在于提醒读者不要陷入偷税、逃税的误区当中，同时帮助读者提高对节税工程和偷税、逃税的辨别能力。

一、国际会计公司的前车之鉴

自避税诞生那一天起，因为避税失败的大案就频繁发生，一次又一次警示企业和管理咨询界，不能以筹划之名，行偷税、逃税之实。

这些大案中，以安然事件影响最大。2003 年，美国国会税收联合会对外公布的安然公司税收调查显示，安然公司在德勤会计师事务所和银行的筹划下，少纳税款达 20 亿美元，其中 2000 年德勤公司提供的避税案就让安然公司少纳 4.14 亿美元的所得税。

2004 年，美国司法部介入对毕马威会计师事务所的调查，该事务所涉嫌出售非法避税案，在不到一年时间里，为客户避税达 10 多亿美元。同年，英国政府也对普华永道、安永、毕马威、德勤等世界四大会计师事务所发出警告，要求它们停止出售非法避税方案。

利用避税天堂避税，曾经是各大会计公司和企业乐意选择的行为，但这一行为的风险也是巨大的。比如，意大利牛奶巨头帕玛拉特破产，就祸起避税天堂避税（该公司在开曼群岛注册空壳公司专门用于避税）。在 2009 年，2 月初，美国总统奥巴马提名的候任卫生部长汤姆·达施勒，以及白宫首席绩效官的提名人南希·基利弗先后宣布，因欠税问题退出有关提名。在这之前，刚刚就任财政部长的蒂莫西·盖特纳也于上月因欠税问题接受国会质询。"欠税门"让奥巴马遭遇政治危机，奥巴马可能推行一项法案，这项法案叫《禁止利用税收天堂避税法案》，这项法案如果获得美国国会通过，将每年为美国政府带来最多高达 500 亿美元的额外税收，同时，这一法案的推行，还可能粉碎美国企业的 34 个避税天堂，包括香港和新加坡。

2006 年，在我国大连，也有一起避税失败案例。大连市国税局完成了对大连某机电公司的反避税调查，调增该企业应纳税收入 2.77 亿元，调增应纳税所得额 2.78 亿元，增补所得税近千万元。

2009 年 5 月又发生一件大案，据国外媒体报道，沃达丰在英国地区法院的一起避税案中败诉，这给公司带来了 22 亿英镑（约合 35 亿美元）的罚单。

上述这些事例，充分说明不仅偷税行不通，避税也越来越行不通了。同时，也提醒我们，纳税筹划和节税工程必须建立在合法的基础之上。

二、节税工程的框架可能被偷税、逃税者利用

节税工程和偷税、逃税的动因是一样的，都是从降低企业税负出发（节税工程还有一个推迟纳税的目的），但两者采取的手段是截然不同的。节税工程是基于"远离法规或靠近法规"这一指导思想，通过合法的手段，使企业经营业务不受税法条款限制或者符合税收优惠的条件。偷税则从违背税收法规要求出发，用隐瞒收入、虚列成本、伪造证据等非法手段达到节税的目的。

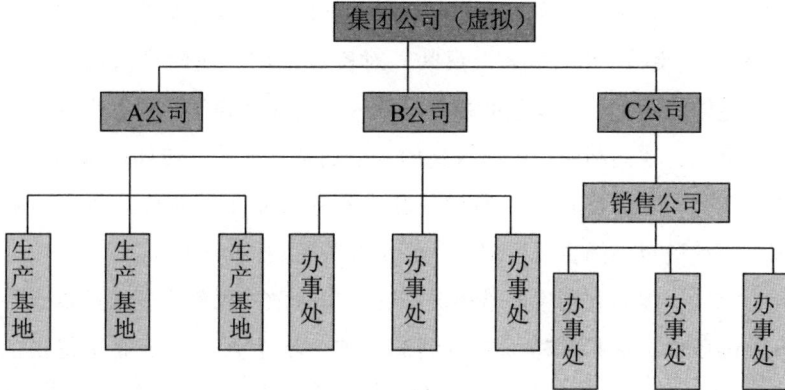

图4-1　某虚拟集团企业设置

图4-1选自笔者为某即将扩张的企业做的节税工程方案。其中集团公司是虚拟的，仅用于合并报表，合并报表给投资人使用。其余公司（包括生产基地和办事处）全部注册为独立经济实体。基地中，一个基地注册为有限公司（25%所得税率），一个基地为高新技术企业（15%所得税率），一个设立在郊县小工业区注册为个体或者小企业（个体核定征收，小企业20%所得税率）。办事处注册为个体执照或者核定征收的有限公司，销售公司注册有限责任公司。

153

这幅图所反应的利益集团中，有税负落差，税负低的企业承担更多的产能，而税负高的企业承担较少的产能，这样整个利益集团的税负就降低了。

同时，我建议他们根据需要，上一层企业暂时不对下一层企业控股，甚至不以股权作纽带，从股权上看不出上下层企业之间的关联关系。

但是，该企业在实施过程中，却规划得"过头"了：

第一，他们开设了两种银行账户，一种是对公账户，一种是个人存折。同时，他们做了两本账，他们把不需要开具发票的销售回款全部打到个人存折上，在一本账上反映，把需要开具发票的的回款打到对公账户上，在另一本账上反映。对税务部门，他们只出示后一本账，也即隐瞒了不开发票的那部分收入。这显然属于偷税、逃税了。

第二，他们利用图中所构造的复杂的企业关系，转移定价，而不是按我要求的分配产能，通过关联交易让税负少的企业产生大量利润，而让税负高的企业亏损，达到少缴所得税的目的。

第三，他们利用生产基地分散、库房分散、税务管理人员盘点不方便的条件，虚拟成本，减少利润，进一步达到少缴企业所得税的目的。

从这个案例我们可以看出，节税工程所构建的基本框架，可能被偷税、逃税者利用，而且由于节税工程所构建的框架本身复杂且宏大，偷税者一旦利用，便获取较为隐蔽的偷税、逃税或避税手段。

为此，作为节税工程的设计者，不能仅仅停留于设计阶段，还要辅导和监督企业认真按照设计方案去实施，避免走入偷税、逃税的歧途。这也是对客户负责的表现，因为促使客户合法经营，是税务咨询专家的道德表现和基本义务。

三、节税工程的风险

节税工程的框架可能被偷税、逃税者利用，节税工程本身设计可能存在缺陷，节税工程设计人员主观上有协助企业偷税、逃税的意图，这三个方面，给节税工程带来了风险。虽然从目前来看，这些风险主要是纳税人在承担，但作为辅导纳税的节税工程实施人员，也可能承担连带责任。

1. 法规风险

节税工程是依赖于法规而生存的。当节税工程与法规相左时，风险就来临了。具体包括以下三类风险：

（1）法规理解风险。有的税收法律法规层次较多，除了全国人大及其常委会制定的税收法律和国务院制定的税收法规外，还有很多由有关税收管理职能部门制定的税收行政规章。这些行政规章常常不够明晰。不同人对法规的理解常常是不一样的，不管你理解得多么有道理，都得以税务部门的正式解释为准。比如，某纳税筹划人员就是因为对法规把握不准，策划了一起代购业务，但由于代购资金不是支付给供应商，而是支付给了代购单位，而发票却是接受供应商的，最后税务局判定该企业是接受第三方发票，发票不予认可，同时给予罚款。

（2）法规调整风险。我国税法一直处于完善过程中，每年都会出台很多新的规定。当你的节税工程与新法规不一致时，节税工程可能失效甚至违法。如在 2008 年之前，外资企业所得税率低于内资企业，在很多纳税筹划专家的指导下，个别老板便在国外注册公司，以假合资的形式取得合资企业身份，但随着新所得税法的实施，内资企业与外资企业所得税并轨，节税方案就失效了。在 2008 年和 2009 年里，有个别"合资企业"急急忙忙想变为纯内资，就是因为节税利益已经丧失。

2. 经营风险

成功的节税工程，可以推动企业经营，并获取企业利益最大化。但失败的节税工程或者不完善的节税工程，效果却恰好相反。主要表现在：

（1）节税工程设计方案严重脱离企业实际，如对于一个刚刚成立、经济实力非常有限的企业多区域或多产业布局生产能力，就显然不切合实际。

（2）节税工程与企业整体利益最大化相违背，所获得的税收利益不足以弥补开展该项工作所发生的成本和丧失的收益。

（3）因为缺乏前瞻性，导致企业陷入困境。比如，有的企业根据节税工程的设计，主要依据出口退税来生存，当金融危机来临，出口受阻时，企业陷入困境。而且，据有关报道，我国未来可能取消出口退税政策，如果真的取消，对依赖出口退税的企业来说，必然是非常悲惨的结局。

（4）节税工程实施人员理解错误，导致方案失败，甚至陷入偷税、逃税泥潭之中。

3. 监管风险

由于节税工程实施人员和税务监管人员对法规的理解有偏差，可能带来风险，因为节税方案的合法性，最终是税务部门来确认。我国税法对某些具体的税收事项常留有一定的弹性空间，即在一定的范围内，税务机关拥有自由裁量权，加之税务行政执法人员的素质参差不齐，这就可能导致执法偏差。一旦合法的节税工程得不到税务部门的确认，不仅节不了税反而可能增加成本。

4. 信誉风险

这里的信誉，包括实施节税工程的企业的信誉和节税工程设计专家的信誉。这种打击对企业是相当沉重的，它将使该品牌受损，消费者不再接受该企业的产品或服务，进而市场萎缩，直到倒闭。这种打击对节税工程设计专家同样是沉重的，这个专家可能从此再也无法在咨询界立足，再也没有企业邀请他提供税收方面的服务了。

四、如何避免陷入偷税、逃税

每一个节税工程设计和实施人员，都要防范陷入偷税、逃税当中。从我们的经验来看，应该注意以下几个方面。

1. 树立守法意识

主观上不能有偷税、逃税的意识。节税工程设计人员和实施人员，都必须提高自己的守法意识。同时，不能过于贪婪，节税额总是有一个限度的，降低税负的同时要实现纳税零风险。在设计和实施节税工程时，要注意相关政策的综合运用，从多方位、多视角对所规划的项目的合法性、合理性和企业的综合效益进行充分论证，灵活运用各种节税工程技术和手段，掌握好税收规划的度，不能做过了头。

2. 加强法规学习

节税工程实施人员必须加强学习，准确把握税收政策。节税工程与税收政策保持一致，是节税工程的生命所在。节税人员必须对税收规定有全面的了解。有了这种全面了解，才能预测出不同的纳税方案，并进行比较、优化选择，进而作出对纳税人最有利的税收决策。同时，要随时关注法规的变动，充分考虑企业所处外部环境条件的变迁、未来经济环境的发展趋势、国家政策的变动、税法与税率的可能变动趋势、国家规定的非税收奖励等因素对企业经营活动的影响，综合衡量节税方案，处理好局部利益与整体利益、短期利益与长远利益的关系，为企业增加效益。

3. 从企业全局出发

树立全局意识，掌握全面的企业管理知识，使节税工程与企业整体目标定位保持一致。节税工程是管理行为，而不仅仅是财税行为，它的目标是企业利益最大化。节税工程必须围绕企业总体目标进行综合设计，最优的方案应该是整体利益最大的方案，而非税负最轻的方案。

4. 保持节税工程的灵活性

任何一个企业所处的经济环境都是千差万别、瞬息万变的，税收政策也在不断完善，节税工程所面临的主观和客观条件也是处于变化之中的。因此，节税工程必须根据企业具体的实际情况来设计，保持适当的灵活性，以便随着国家税制、税法、相关政策的改变及预期经济活动的变化随时调整项目投资，对节税方案进行重新审查和评估，调整方案内容，保证节税目标的最终实现。

5. 营造良好的环境

节税工程是战略层面的项目，营造良好环境的第一步，就是取得高层管理者的支持和重视，以及中层、基层管理者的理解和配合。其次，要完善内部核算基础工作，为节税工程的设计和实施提供准确的信息

经常与税务部门保持密切交流也是营造良好环境的重要方面。密切的交流，一方面可以把握税务部门对政策的认识和倾向，另一方面，税务与企业关系融洽，在节税工程实施过程中也可以得到他们的帮助，在节税方案的最终认可方面，也可以减少阻力。

第五章

实施节税工程的基本步骤

在本章之前，我们对节税工程的理论体系进行了讲述。从本章开始，我们将对节税工程的具体操作进行讲解。

我们站在税务服务机构（税务师事务所）或专家的角度，讲述一下实施节税工程的基本步骤。如果是企业内部人员实施节税工程，除了不存在"接受委托"步骤外，其余工作基本上是相同的。

我们将节税工程的实施分为六个基本步骤（我们称之为"六步法"），如图 5-1 所示。

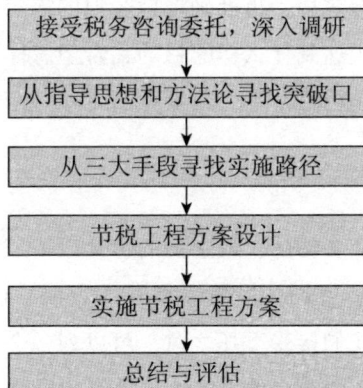

图5-1 节税工程实施步骤

一、接受税务咨询委托，深入调研

这是节税工程的第一步，也是非常关键的一步。这一步所掌握的信息越全面越深入，就越有利于后面工作的开展。同时，这一步也是把握风险的重要步骤。

接受税务咨询委托是要签订服务协议的。我们建议先作初步调研，把握基本情况和风险，然后在确认实施节税工程风险较低，并且具有可操作性之后，再签订协议。如果风险明显偏高，甚至客户要求协助偷税、逃税，那就应该放弃这个客户。

1. 调研内容

调研的内容包括客户所处的行业及行业基本情况、客户产销规模、企业治理结构、组织结构、人员素质、发展历史、行业地位、核算情况、纳税意识和实际纳税情况。尤其需要详细调研的是企业处于生命周期的哪一个阶段，经营特点怎样，纳税特点怎样，经营流程是什么样的。

在把握基本情况之后，再准确把握客户的需求是什么，他们面临什么困难，他们希望达到什么样的目的，希望怎样达到这些目的，是否具备达到目的的合法条件，如果条件不具备，怎样去创造这些条件。

2. 调研方法

调研方法是灵活多样的，最主要的包括以下三种：

（1）资料收集。资料收集是最基本的方法，也是首先要实施的一种调研手段。在我们接受委托之时，可以列一个清单，提交给客户相关人员，请其准备清单上的资料。这些资料通常包括：公司内部财税方面的文件、财税方面的会议记录、投资计划、年度预算书、会计报表、财务分析书、纳税资料、资金状况等。如果客户能够提供，进一步请他们提供行业基本情况、行业税负情况、客户税负水平在行业中占什么位置，这些情况有利于进行行业对比。

（2）访谈。访谈就是面对面与客户相关人员交流。交流不是简单的问答，还包括引导。在很多时候，客户的需求是不明确的，他可能只知道我要少缴税，但具体的意图他可能表达不出来，这个时候，访谈者就要加以引导，让他清楚自己的具体目的是什么。

访谈通常从高层管理者开始，包括投资人（老板）、高管，然后到中层部门负责人和基层具体工作人员。我们在这个过程中，除了了解我们需要的信息外，还要主动向客户相关人员介绍节税工程的理念、工作范围、工作目的、工作方法和工作步骤等，以便对方知道如何配合以及创造工作条件。

为了使访谈更为有序地进行，在访谈之前，应该准备一个访谈提纲，逐项列出需要了解的信息，并用问题方式表达出来。

在访谈过程中，要保持轻松活跃的气氛，一方面可以使双方心情愉快地交流，另一方面也更能激发双方的灵感——节税工程是一个创造性的工作，灵感有时是非常重要的。当灵感闪现时，就应该及时记录下来。

（3）现场观察。现场观察可以感性地认识一个企业，同时也可以找到一些生动的案例，避免闭门造车导致节税工程方案缺乏操作性。

现场观察包括了解企业经营流程、工作流程、生产经营景气状况、投入产出情况、生产场所布局、存货存放地点布局等。

二、 从指导思想和方法论寻找突破口

1. 利用头脑风暴法

当我们调研结束之后，我们有必要组织一次讨论大会。会议采取头脑风暴模式，充分利用每一个人的智慧。

头脑风暴法（Brain Storming，BS）是一种智力激励法。它是由美国创造学家 A. F. 奥斯本于 1939 年首次提出来的，后经各国创造学研究者的实践和发展，如今已形成多种形式的头脑风暴法。

该方法是一组人员通过开会的方式，相互启发、集思广益，在一定时间内想出各种主意，并把与会人员对问题的意见收集起来去解决问题。通过会议的形式，让所有参加者在愉快、畅所欲言的气氛中，自由交换想法或点子，并以此激发与会者的创意及灵感，以产出更多富有创意的构思。头脑风暴法会议要点包括：

（1）召集专门的会议，与会人数在 5~10 人之间，会议由 1 人主持，设 1~2 名记录员，后者通常不是正式参加会议的人员。

（2）会议时间以 1 个小时为限，一般在 30 分钟到 1 小时之间，时间长了容易疲劳。

（3）会议地点应选择安静而不受外界干扰的场所。要求与会人员切断电话，谢绝会客。

（4）会议组织者要合理选择与会人员，保证其中最好有几个思想活跃的、善于抛砖引玉的人。确定人选后，至少提前几天发出通知，并告诉他们会议议题，让其事先做好准备。

我们在节税工程的第二个步骤中，就需要召开这样的会议，可以命名为"节税工程突破口头脑风暴会议"。主持人在会议开始时简要说明会议目的：围绕节税工程的根本指导思想和方法论，找到尽可能

多的节税突破口。

在会议过程中要注意创造一种让每一个人都能充分发言的气氛，必要时可点名让不说话的人发言；主持人原则上不要提出新设想，但可提诱导性的意见；鼓励大家从已经提出的设想中发掘他们的联想能力；当发言混乱时应简洁地加以梳理，并告诉记录员记下。记录员则应该注意记下提出的所有方案和设想，包括平庸、荒唐、古怪的设想，不要遗漏；当参会人员同时提出多种新设想，记录有困难时，可请主持人进行必要的归纳。

头脑风暴法要达到效果，必须使每个成员都毫无顾忌地发表自己的观念，既不怕别人的讥讽，也不怕别人的批评和指责，它是一个使每个人都能提出大量新观念、积极发挥创造性解决问题的最有效的方法。

2. 鱼骨图的运用

鱼骨图在寻找节税工程突破口中也经常被用到，而且是和头脑风暴法结合起来使用的。"头脑风暴"激发大家去思考，而鱼骨图除了记录思考的成果之外，也相当于一种思考指引图。

该工具的使用步骤如下：

第一步，确定一个讨论主题（在鱼骨图中，它即为结果）。比如，在节税工程方面，我们可以研究这么一个主题：客户哪些方面通过"远离法规"可以节税？

第二步，用头脑风暴法讨论造成问题的各种原因。可采用一般性分类：方法、机器（设备）、人（人力）、材料、测量和环境。

第三步，在挂纸或白板的正中写下问题，在问题周围画框，然后画一个水平的箭头指向它。在主箭头的旁边画上分支表示原因的分类。

第四步，用头脑风暴法找出所有可能的原因。有了答案后会议组织者就在对应的原因分支上记下来。如果有多重关系，子原因分别可以写在几个地方。

第五步，再对子原因问："为什么会这样？"再在子原因的分支下记下它的子原因。继续问："为什么？"以找出更深层次的原因。分支的层次表示原因的关系。

第六步，当找出所有原因后，集中讨论原因较少的部分。

3. 从根本指导思想和方法论寻找突破口

本书前面已经讲过，节税工程的根本指导思想是"远离法规或靠近法规"，方法论是"从大处着手，从小处完善"。根据这两点，我们就可以开四场头脑风暴会议，画出至少四个鱼骨图，它们的主题分别是：远离法规、靠近法规、大处着手、小处完善。

我们以"远离法规"为主题作一个简要说明。针对这一主题，通过头脑风暴，让大家列举远离法规的环节和节点，然后画成鱼骨图。作为主持人，可以从企业生命周期、经营流程两个方面去提示，涉及经营流程时，又可以细化到采购、生产、销售、核算等环节。以经营流程为例，其鱼骨图如图5-2所示。

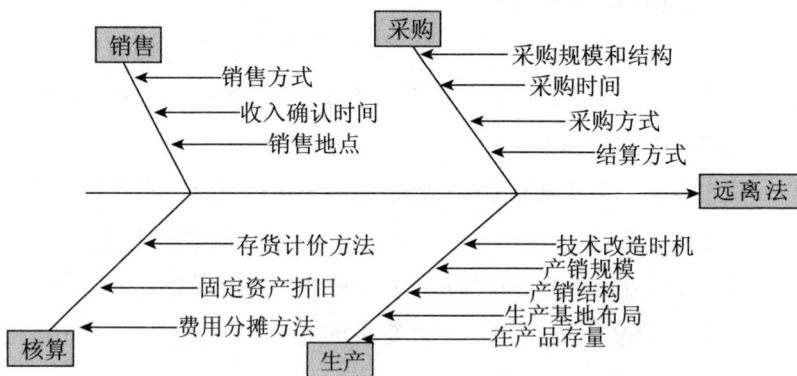

图 5-2　"远离法规"鱼骨图

164

在图 5-2 这个鱼骨图中，税收法规都有涉及，我们找出这些方面，然后逐一对照法规，使我们的经济行为不受法规限制，就实现了"远离法规"。图中的每一根"小刺"所对应的项目，就是我们的突破口。由于鱼骨图并不能详细地描述，因此，每一个突破口都有必要单独讨论，在会议记录中列出更详细的内容。

三、从三大手段寻找实施途径

变通一下企业组织形式和控制方式，有节税空间吗？

在地域布局上或产业布局上面下点功夫，有节税空间吗？

变革一下业务流程，能否节税？

这是我们的"节税三问"，也就是提问式的三大手段。寻找实施途径之时，依然可以召开头脑风暴会议，用鱼骨图来表示每一条途径。三大手段，就可以召开三个主题的头脑风暴会议。

我们以组织形式和控制方式为例，其鱼骨图如图 5-3 所示。

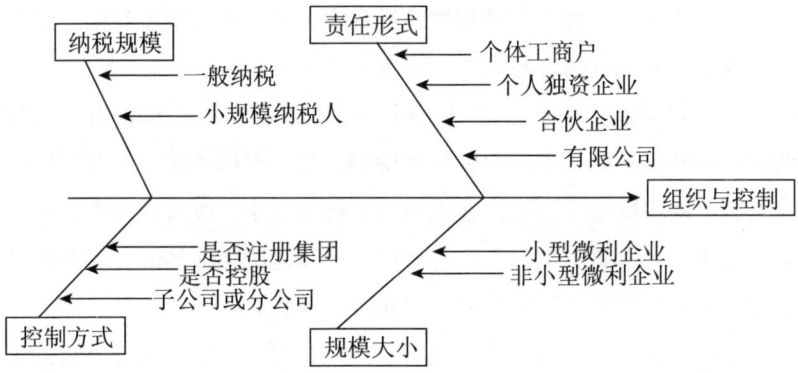

图 5-3　"组织与控制"鱼骨图

上面这个鱼骨图列出了和"组织与控制"有关的四类因素，我们在这些因素中决策，确定该选择什么样的组织形式和控制方式，如此一来，实施途径就清晰了。

四、节税工程方案设计

节税工程方案设计，是对前三个步骤工作成果的总结，也是交给客户的节税工程实施指南性文件。方案可以称作"节税建议书"、"节税方案"、"税收优化方案"、"节税工程报告书"等。

1. 基本原则

节税工程方案设计要遵循以下三个基本原则：

（1）合法性原则。我们接受委托，为企业实施节税工程，而不是帮助企业偷税、逃税。我们的方案要与会计准则、财务税收法规相符合。否则，客户面临税务风险，我们同样面临风险。正式方案在出台之前，经对照相关法规，逐一检查是否实现了"远离法规"或"靠近法规"。为了保证质量，在提交客户之前，应该实施多级审核。

由于法规一直处于完善和修订过程中，我们的方案还需要与最新的法规相吻合，以体现我们作为税务专家的专业水准。

（2）符合客户的实际情况原则。在税务咨询界，有相当一些所谓的税务师事务所或专家习惯性地偷懒，简简单单了解一下客户的情况之后，就将以前给别的企业做的方案拷贝过来，改头换面当做新方案交给客户。这类方案，要么与客户的实际情况相去甚远，要么就是放之四海而皆准的框架性东西，无法具体实施。

节税工程是一项非常专业非常细致的工作，必须一点一滴去钻研，并一环一环去落实到客户的业务当中，这样才是客户真正需要的方案。

（3）可操作原则。没有操作性或者操作性很差的方案是没有价值的。所谓可操作性，是指通过税务专家和企业管理层密切配合，共同努力，能够按照方案去做，并切实有效地实现节税目的。

可操作性通常受三个方面的影响：①符合客户的实力，如一个企业资金状况非常困难，你却叫他们多点布局大修生产基地，显然不现实；②符合客户的主观愿望，如一个企业的负责人倾向于占领市场，宁愿在高税负区选址建厂，你制订一个到偏僻地方建厂的方案，显然不可能被采纳；③方案本身逻辑清晰、表达准确、通俗易懂。

2. 方案内容

一份完整的节税工程实施方案，应该包括以下内容：

（1）基本情况。这里的基本情况包括客户经营简介、目前所面临的涉税问题或困难、客户希望达到的目的、客户涉税方面存在的缺陷和制约因素、涉税风险等。这些内容就是剖析客户的现实状况，让客户看清自己是什么样子，有哪些问题和风险存在，以增强客户实施方案的决心。

（2）节税工程服务范围。服务范围是相当重要的，我们不能面面俱到把客户所有管理问题解决掉，也没有那个能力全部解决。我们要准确界定自己该做什么，让客户知道我们该做什么，从而让他们知道如何来配合我们。

（3）工作组织与方法。我们如何开展工作，我们将采取哪些工作方法，我们的工作进度是怎样的，这方面需要与客户深度沟通，并达成一致。这里的方法是广义的，包括节税工程的指导思想、方法论、"两大基石"和"三大手段"，当然也包括我们每一个步骤的具体方法，比如调研方法等。

（4）成果测算。我们给客户提供节税工程实施服务，我们将取得哪些成果，能够节税多少，客户需要投入多少资金。作为企业，客户方肯定会考虑投入产出比，效果越好，对方决心肯定越大。当然，我们不能胡乱预测，不能作出自己实现不了的成果估计。

除了可以量化的成果之外，还有非量化的成果。比如通过梳理，帮助客户理顺管理流程、完善治理结构和产权关系、提升队伍素质等。

（5）工作计划。这是一个详细的工作计划，我们的工作分哪些步骤，分哪些阶段，每一步骤和阶段需要做什么事情，将出哪些成果。这个计划也包括客户方的工作内容，两方的工作密切配合，才是完整的工作计划。

这里需要使用到一个重要的工具——甘特图。

甘特图（Gantt Charts）是 1917 年由甘特提出来的，它是一种非常常用的管理工具，经常用于计划和排序，是把活动与时间联系起来的最早尝试之一。

这一工具是基于作业排序的目的，帮助管理者描述对诸如工作中心、超时工作等资源的使用。当它用于负荷分析时，可以显示几个部门、机器或设备的运行和闲置情况。这表示了该系统的有关工作负荷状况，这样可使得管理人员了解何种调整是恰当的。此外，甘特图还可以用于检查工作完成进度，它表明哪件工作如期完成，哪件工作提前完成或延期完成。

甘特图的使用方法很简单，包括下列步骤：

第一步，把执行计划划分成可以完成的工作项目与活动。

第二步，评估每一项工作所需要的时间，并设定实际完成的日期。

第三步，把工作项目按实际步骤排列下来，以横向线段来表示工作项目的起讫时间，使各工作项目之间的时程关系可一目了然。

第四步，分别评估每一执行步骤，并找出可能阻碍完成整个既定工作的任何一个项目，将它列为重要的工作项目，以及找出它的任何

168

关键性的，且必须在其他工作开始之前就完成的工作项目，以便首先安排完成它。

比如，我们节税工程实施总体计划，就可以用甘特图来表示，如图 5-4 所示。

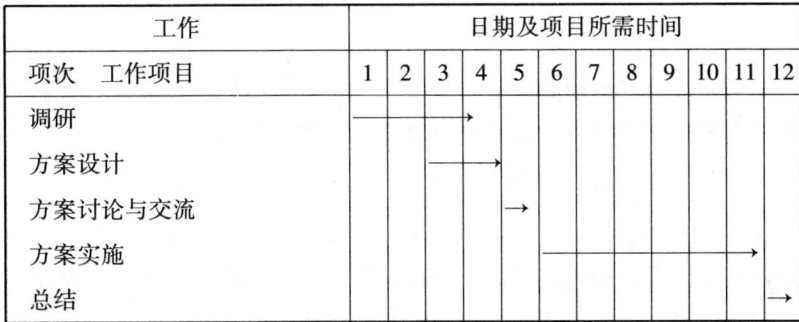

工作		日期及项目所需时间											
项次　工作项目		1	2	3	4	5	6	7	8	9	10	11	12
调研					→								
方案设计						→							
方案讨论与交流							→						
方案实施													→
总结													→

图 5-4　甘特图

（6）团队介绍。对工作组专家和成果的专业技能、工作经验、专业特长等进行介绍，让客户了解这些工作人员，以便更好地交流与沟通。

五、实施节税工程方案

实施节税工程方案之前，事先要成立项目组，包括节税工程提供方人员和客户方人员，明确双方人员的职责和权力，明确双方的工作方法、沟通机制，明确双方的奖惩机制。

实施包括培训和实践两方面的内容，这两方面内容是反复交叉进行的。培训的目的是让项目组双方对方案的理解达成一致，工作方法和步骤协调一致。实践就是对方案的每一个工作内容进行落实。

六、总结与评估

　　总结通常是一个节税项目的完成。但在实施过程中，需要有阶段性的总结，通过总结，发现问题，积累经验，以便更好地完成下一阶段工作。

　　项目完成之后的总结，包括与客户双方共同举行的总结，还包括税务专家内部的总结，总结成败经验，积累素材和案例。

　　评估主要是对项目风险的评估。方案虽然实施下去了，但可能某些方面的节税潜力并没有挖掘到位，这是评估的重要内容。此外，风险评估也是重要的内容：这个项目有没有不合符法规的地方？税务部门能否认可？如果税法修改将会有什么影响？

第六章

基于企业生命周期的节税工程（一）：创业期节税工程

从本章开始，我们开始讲述基于企业生命周期不同阶段的节税工程，每一阶段中，同时也将涉及基于企业流程变革的节税工程。

企业生命周期四个阶段的划分，并没有严格的限制，而且不同规模的企业其划分也不一样。但为了便于本书叙述，我们在这里还是作了以下一个简单的划分：

创业期　我们将投资人打算注册公司，到企业业务初见起色，盈亏达到平衡或略有盈余这段时期定为创业期。这个时期的长短，有的企业在一年以内，有的企业超过一年。

成长期　我们将企业从盈亏平衡或略有盈余开始，到在市场站稳脚跟，具备较强实力，但尚未形成集团化管理这段时期定为成长期。

扩张期　我们将企业具备较强实力，规模不断扩大，形成集团化管理，进而市场和管理高度成熟，盈利能力达到顶峰这段时间确定为扩张期。

战略转移期　我们将企业发展顶峰开始，到企业衰退直到消亡，或者衰退直到转移到新产业、新领域这一段时间定为战略转移期。

一、创业期企业经营特点和纳税特点

1. 经营特点

在创业初期，企业经营和管理，都可以用"简单"又"艰难"两个词来形容。"简单"体现在企业内部管理、组织结构和业务单一方面；"艰难"体现在企业市场开拓和求取发展上面。这一时期的经营有以下特点：

（1）选择投资项目决定企业发展方向。选择投资项目，是投资者开始创业的第一步，这一步决定了企业未来的发展方向。在选择项目时，很多人凭着个人的经验或喜好来选择，往往忽略了税收方面的考虑。

（2）企业规模小，实力弱。成立企业很容易，通过工商、税务等部门审核，领取各类证照就标志着企业成立了。但企业成立了，并不等于就具备实力了，即使实收资本很大的企业，其成立也不代表着一定能够发展壮大。因此，这一时期的企业，无论实收资本大小，均表现得实力弱小，而且规模也相对较小。

（3）组织机构简单。创业期的企业，人员较少，专业化分工不明显，部门划分也不明显，甚至没有设置相关部门，一个老板带几个兵的情形非常普遍。这种管理效率很高，沟通畅通，管理成本较低。

（4）会计核算不健全，财务功能主要是"管钱"。在这一时期，会计业务量小，会计核算不健全，也受不到重视，相当多的企业只设出纳，会计请兼职人员。在很多投资者看来，财务在这一时期的功能就是管好钱。

（5）管理粗放，基本没有完善的管理制度，大量的规矩是以老

172

板口头形式来发布。只有少部分制度，因经营管理需要，逐步形成书面文件。这一时期粗放的管理，成本较低，有利于创业期弱小企业的生存。

（6）人员结构单一，但凝聚力强。这一时期，创业者（常常等同于投资者）是企业的主力，承担着企业发展的最大压力，也从事着最艰巨的工作任务。这一时期人员结构单一，除创业者外缺乏高素质人才，但凝聚力强，基本不存在内部矛盾。

（7）市场开拓难度大。创业期的企业，开拓市场的难度非常大，一方面是经验缺乏，另一方面则是知名度缺乏。当然，资金缺乏也是重要原因。这一时期的企业，常常走模仿或追随成功者的发展思路。

2. 纳税特点

创业期的企业，纳税业务较为简单，税务部门的关注度也相当低。

（1）税负低。无论是纳税绝对值还是税负率，都是很低的。有相当多创业期的中小企业，长期处于税款零申报状态。

（2）纳税意识极低。这一时期的经营者，几乎没有主动纳税、依法纳税的意识，因为企业经营困难，资金缺乏，偷逃税是这一时期企业的普遍现象。这些企业无实力聘请税务专家，偷逃税手段通常很原始，隐瞒收入和多列成本，是最常用的手段。

（3）税收风险低。尽管创业期的偷逃税现象很严重，但这一时期的企业税收风险却不高。主要原因在于，这一时期的企业业务量不大，能够隐瞒的收入和能够偷逃的税款，绝对值不高，有相当一部分小企业即使全额偷逃税，相比于成长期或成熟期大企业的偷逃税额，还是微不足道的。

（4）节税空间小。创业期的企业，业务量小，不存在关联企业和关联交易，节税空间相当有限。但并不表明这一时期节税不重要。

在这个生命周期阶段的企业，"大手笔"的巨额节税行为难以出现，但相对于企业本身的实力来说，节税的意义还是相当重大。比如，某企业所有流动资金只有 10 万元，如果通过节税工程节税 1 万元，对这企业来说，也是意义重大的，虽然 1 万元对节税专家来说太不起眼。

（5）税务部门关注度低。创业期的企业，对国家税收的贡献力度相当小，税务部门不可能在这样的企业耗费过多的资源，对这样的企业很少关注，除非出现很明显的异常情况，税务人员一般不会过问。

二、创业初期企业节税工程的突破口

寻找节税工程的突破口，除了把握企业经营特点和纳税特点外，还要熟悉创业期涉及最频繁的税收法规。

1."靠近法规和远离法规"

创业期企业业务单一，涉及的税收法规也较少，主要有以下五个方面：

（1）地域选择方面的税收法规。《中华人民共和国企业所得税法》第二十九条对所得税地域优惠作了规定："民族自治地方的自治机关对本民族自治地方的企业应缴纳的企业所得税中属于地方分享的部分，可以决定减征或者免征。自治州、自治县决定减征或者免征的，须报省、自治区、直辖市人民政府批准。"

《中华人民共和国城市维护建设税法》第四条，规定了不同地域的城建税："城市维护建设税税率如下：纳税人所在地在市区的，税率为 7%；纳税人所在地在县城、镇的，税率为 5%；纳税人所在地不在市区、县城或镇的，税率为 1%。"

《中华人民共和国城镇土地使用税暂行条例》规定了不同地域的土地使用税税率："土地使用税每平方米年税额如下：（一）大城市1.5元至30元；（二）中等城市1.2元至24元；（三）小城市0.9元至18元；（四）县城、建制镇、工矿区0.6元至12元。"

"在哪里建公司"，常常是投资者创业之初要考虑的问题，在综合考虑各种市场因素的同时，对上述法规也要高度重视。因为税收是一项长期的成本，每年都要缴纳的，而且，节税就是增加纯利润。

（2）产业选择方面的税收法规。因为产业不同，税收不同，这方面的规定，主要体现在《中华人民共和国企业所得税法》当中。该法第二十五条规定："国家对重点扶持和鼓励发展的产业和项目，给予企业所得税优惠。"第二十八条规定："国家需要重点扶持的高新技术企业，减按15%的税率征收企业所得税。"第三十一条规定："创业投资企业从事国家需要重点扶持和鼓励的创业投资，可以按投资额的一定比例抵扣应纳税所得额。"第三十四条规定："企业购置用于环境保护、节能节水、安全生产等专用设备的投资额，可以按一定比例实行税额抵免。"

"投资什么项目"，也是投资者创业之初要考虑的问题，如果能够一开始就在产业上获取税收优惠，对企业长远发展是极为有利的。

（3）适用税种方面的法规。创业之初，要明白自己应该缴什么税种，哪一种对自己的企业最有利。对某些商品，既涉及消费税又涉及增值税。

关于税种的规定，主要包括以下两大流转税的适用规定。

《中华人民共和国消费税暂行条例》第一条规定："在中华人民共和国境内生产、委托加工和进口本条例规定的消费品的单位和个人，以及国务院确定的销售本条例规定的消费品的其他单位和个人，为消费税的纳税人，应当依照本条例缴纳消费税。"该法规还列出了具体的应税消费品。从所列消费品表格中可以看出，有些项目的消费税是相当高的，投资之前必须给予重视。

《中华人民共和国增值税暂行条例》第一条规定："在中华人民共和国境内销售货物或者提供加工、修理修配劳务以及进口货物的单位和个人，为增值税的纳税人，应当依照本条例缴纳增值税。"

（4）纳税义务发生时点的法规。了解这一时点，才可能实施延迟纳税的节税。

《中华人民共和国增值税暂行条例》第十九条规定："增值税纳税义务发生时间：（一）销售货物或者应税劳务，为收讫销售款项或者取得索取销售款项凭据的当天；先开具发票的，为开具发票的当天。（二）进口货物，为报关进口的当天。增值税扣缴义务发生时间为纳税人增值税纳税义务发生的当天。"

（5）税收优惠方面的规定。税收优惠的规定散见于各种法规当中，对创业期的企业，最重要的是所得税税率的选择，无论经营哪类产业、无论在哪里设立企业，这一项税收都是必然存在的。

《中华人民共和国企业所得税法》第四章专门规定了所得税优惠政策，创业期的企业涉及第二十七条、第二十八规定的情形比较普遍。第二十七条规定："企业的下列所得，可以免征、减征企业所得税：（一）从事农、林、牧、渔业项目的所得；（二）从事国家重点扶持的公共基础设施项目投资经营的所得；（三）从事符合条件的环境保护、节能节水项目的所得；（四）符合条件的技术转让所得；（五）本法第三条第三款规定的所得。"第二十八条规定："符合条件的小型微利企业，减按20%的税率征收企业所得税。国家需要重点扶持的高新技术企业，减按15%的税率征收企业所得税。"

为什么特别强调这两条呢？因为很多投资者投资了免税项目却不知道，或者明明是小型微利企业，却在按25%申报所得税。

在对上述法规充分了解的基础之上，靠近法规就是创造条件或完善各项手续，让企业向有利于自己的法规靠近，而远离法规就是创造条件或完善各项手续，让企业远离对自己不利的法规规定。

2. "从大处着手，从小处完善"

创业期企业规模不大，一般是单个企业，不存在集团公司和关联企业。因此，这里的"从大处着手"之"大"是相对的，只是单个企业内部的运作行为，常见的节税工程包括：

（1）注册企业时，选择企业形式，包括非公司与公司之间的选择、小型微利企业和非小型微利企业的选择。

（2）成立分支机构时，选择子公司还是分公司。

（3）确定投资方向时，是否选择国家扶持产业和项目。

（4）在成立企业时，选择什么样的出资方式。

上述这些突破口，我们在本章下文"三大手段"的运用中，还将详细讲述。

此外，创业期的企业"从小处完善"，主要包括：核算的规范性，成本费用票据规范性，向税务部门申请优惠政策、完善各类合同文件以利于收入确认时点的延迟等。

三、"三大手段"的应用

如果从成立公司之前，就开始节税规划，对企业长远的税收利益的获取，将有很大的帮助。因此，我们主张投资者在设计投资方案时，就将未来的税收状况作一个充分的预测，并选择既有利企业经营又有利于节税的方案。

(一)"节税一问":变换企业组织形式和控制方式,能否节税?

1. 企业组织形式的选择

在创业期,如果将企业组织形式选择这项工作放在公司成立之前,那么选择就是很方便的。这里包括个人独资企业、合伙企业、有限责任公司之间的选择。

如果抛开税负,就企业经营而言,应该这样选择:如果未来经营规模不大,并且上游供应商主要是个体工商户,下游客户主要是自然人消费者,那么选择个人独资或合伙企业比较好,诸如小型商店、小型餐饮企业和小型娱乐企业;如果未来经营规模较大,上游供应商多为有限公司,下游客户也以有限公司为主,那么,就应该选择有限责任公司形式,因为对下游常常需要频繁开具发票,同时要接受上游企业开具的发票,如果选择个人独资或合伙企业,在和一般纳税人做生意时,开票就是一个大问题。

如果考虑税负,则需要对未来盈利额度作一个简单的测算。个人独资企业和合伙企业适用个人所得税法,税率见表6-1。

表6-1 个人所得税税率表

(个体工商户的生产、经营所得和对企事业单位的承包经营、承租经营所得适用)

级数	全年应纳税所得额	税率/%	速算扣除数/元
1	不超过 30 000 元的	5	0
2	超过 30 000 元至 90 000 元的部分	10	1500
3	超过 90 000 元至 300 000 元的部分	20	10500
4	超过 300 000 元至 500 000 元的部分	30	40500
5	超过 500 000 元的部分	35	65500

企业所得税税率一般是25%，小型微利企业是20%，高新技术企业是15%。

假设未来的税前利润是100万元，那么，选择个人独资或合伙企业的税额为

30 000×5% = 1500

60 000×10% = 6000

210 000×20% = 4 2000

200 000×30% = 60 000

500 000×35% = 175 000

合计：284 500 元。

如果选择公司形式，则企业所得税为 1 000 000×5% = 50 000 元。

假设当年全部利润分配给投资者，则还需按红利纳个人所得税：

（1 000 000-50 000）×20% = 190 000 元。

两项合计 240 000 元。

由此可见，在现有政策下税前利润100万元时，个人独资或合伙形式税负要高一些。投资者如何选择，要对未来盈利能力进行测算，并测算税负水平。

2. 成立分支机构时，子公司和分公司的选择

在新企业所得税法之下，新办企业"几免几减"政策已经失效。在这种法规背景之下，选择子公司还是分公司，主要是考虑分支机构盈亏对总公司盈利是抵减还是增加。如果分支机构亏损，这部分亏损如果并入总公司，就可以抵减总公司利润，从而总公司少纳所得税，或者总公司亏损，分支机构盈利，盈亏也可以相抵；反之，分支机构盈利，总公司也盈利，则合并在一起，起不到抵减利润的作用。

因此，如果经过预测，分支机构前期是亏损的，那么就尽量注册为分公司，在未来开始盈利，起不到盈亏抵减作用时，再转为子

公司。

3. 小型微利企业和非小型微利企业的选择

这个选择，在服务行业，或商品零售行业，具有十分重要的意义。比如小超市、快餐店、服装店等，如果做成连锁，即使发展为跨国公司，都还可以向"小型微利企业"靠近。方法是每一个店都注册为独立的小公司，这样，整体税负可以大幅度下降。比如，某特色小吃连锁店年税前利润高达 1 亿元（多家独立店合计数），如果注册为一个大公司，所得税为 1 亿×25%＝0.25 亿，即 2 500 万元。但如果每个店靠近"小型微利企业"，则所得税为 1 亿×20%＝0.2 亿元，即 2 000 万元，节税 500 万元。这里的 1 亿元不是一家店的利润，假如每家店利润都未超过 100 万元，则所得税更低，按5%计算总共是 500 万元，节税 2 000 万元。

符合条件的小型微利企业，是指从事国家非限制和禁止行业，并符合下列条件的企业：年度应纳税所得额不超过 300 万元，从业人数不超过 300 人，资产总额不超过 5 000 万元。

(二)"节税二问"：在地域和产业布局上下点功夫，能否节税？

1. 企业注册地点的选择

在成立企业时，有一个选址的过程，在综合考虑经营成本（管理成本、运输成本等）和经营环境的前提下，选择税负较低的地方成立公司。

2. 投资行业和项目的选择

如果投资者事前并没有确定一定要做某个产业或项目，只是拿着钱找投资方向，那么，在选择产业和项目上就有较大的自由度。高新技术企业减按 15% 征收企业所得税，比普通的所得税税率为 25% 低

10%。这是相当可观的差异。具体的产业可以在《国家重点支持的高新技术领域》目录中去查找。另外，如果是外商投资，还需要研究一下《中西部地区外商投资优势产业目录（2008年修订）》。

3. 成立公司时，出资方式的选择

关于这一点，很多投资者都忽略了税收问题。以实物出资，在税收考虑上，不如以现金出资。因为以实物出资，实物的进项税额则无法抵扣。如果以现金出资，企业成立之后，再购买实物资产，则可以享受增值税进项抵扣。实物出资还视同销售，税负很高。

比如，某投资者成立公司时，出资额中有1 000万元为钢材。如果这一批钢材是公司成立之后采购的，则可以抵扣进项税额：1 000×13%=130万元。

(三) "节税三问"：变革一下业务流程，能否节税?

通过变更业务流程来实施节税工程，这一手段在创业期优势不明显，因为创业期企业流程本身就很单一。在这一时期，应该重点关注下面三点。

1. 采购环节围绕进项发票取得变更流程

如果是增值税企业，进项发票的取得和取得多少，是降低税负的关键所在。"营改增"之前缴纳营业税的企业不存在这种问题。

如果取得的进项发票量不足，一种可能因为供应商不是一般纳税人，另一种可能是采购部门不尽职。后者比较好改善，对采购部门实施考核就可以了。如果是前一种原因，又要具体分析：是不是因为我们采购量太小，一般纳税人不愿意合作？是不是因为我们在供应商选择上出了问题？如果是供应商选择出了问题，就重新选择；如果是采购量太小，则可以实施采购外包。即把采购业务委托给一家有实力的公司（这样的公司是很多的），由其代购，并向其索取全额增值税专用发票。

在现实当中，很多企业之所以没有采取外包形式，因为它们面临税负高的困难时选择了"偷逃税"。

2. 制造环节围绕加工方式变更流程

这里指的加工方式是自行加工和委托别人代加工。

在很多时候，自行加工获取的综合利益（品质、交货期、资金利息、税收等），并不一定比委托加工高。耐克公司没有工厂，其产品全部是贴牌厂负责生产，但该公司仍然是全世界运动用品行业的重量级企业。

我们要进行测算，如果自行加工，产生大量不能抵扣进项税额的成本项目时，我们就可以考虑让别人代加工，让加工厂自行购料，按我们的要求生产，然后卖给我们，并向我们开具全额增值税发票，这样，我们就可以全额抵扣进项税了。

在委托加工中，需要注意的是：从节税角度考虑，材料不能由我们提供，而应该由加工厂自行购买，加工厂资金有困难时我们甚至可以借款给它们。因为如果我们提供材料给加工厂，性质就变了，税务局可能认定我们是卖材料给加工厂，再向加工厂买半成品或成品，这是一卖一买两个业务，其中卖材料是要交增值税的，同时涉及所得税。

3. 销售环节围绕销售收入来变革流程

延迟销售收入确认时点，混合销售收入分离等节税行为，都是在销售环节来下功夫。此外，运输费用的处理，也是非常关键的。对于创业期的企业，销售环节是需要重点把控的节税环节。

第七章

基于企业生命周期的节税工程（二）：成长期节税工程

一、成长期经营特点和纳税特点

1. 经营特点

成长期的企业，通常都已经度过了创业初期的困境，进入了较快或快速上升通道。这一时期的经营有以下特点：

（1）组织结构功能化。原来较为简单的组织结构开始变得复杂，部门迅速增加，人员迅速增加，开始出现较为明确的权利和责任划分，各部门开始履行其职能。

（2）会计核算走向规范。会计制度开始建立起来，核算由简单到复杂，由不规范走向规范，财务部门与采购部门、物资管理部门等分离，开始形成相互制约的关系；投资者开始关注整体资产的质量，并逐渐有了资本和资本管理的意识；预算制度得到建立并重视，资金融集和使用呈有序状态。

（3）激励机制开始建立。对人的管理，开始由粗放的人事管理迈向人力资源管理，人力资本意识得到确立，激励机制建立起来并逐步完善，管理文化逐步成型。

（4）管理标准化，管理精细化，管理成本增加。职业经理人在这一时期开始进入企业，并且出现频繁换人的情形。职业经理人带进先进的管理理念和管理方法，企业管理趋于标准化、精细化，同时，管理成本也迅速上升。

（5）内部矛盾开始显现。在这一时期，由于企业内部阶层分化，矛盾开始显现，各种利益团体开始形成并对抗。创业元老与新进职业经理人之间的矛盾、职业经理人与职业经理人之间的矛盾、不同级别职业经理人之间的矛盾等，都在这一时期出现。

2. 纳税特点

处于成长期的企业，其纳税特点如下所述：

（1）税负及税收绝对额迅速增加。随着企业规模不断扩大，原来可能是核定征收，现在改为查账征收了，原来可能是小规模纳税人，现在改为一般纳税人了。这一期间，企业税负，以及纳税绝对额都显著增加，并开始受到当地税务部门的关注。

（2）合法纳税意识淡薄。企业在成长，投资者的守法意识却可能没有成长，合法纳税意识淡薄，依然存在少缴税甚至偷税、逃税的主观意识。税务部门和企业之间展开了博弈，企业寻求政治保护伞的意识很强烈，投资者常常寄希望于政界官员的保护而不愿意实施节税工程。财务人员在这一时期强烈意识到合法纳税的重要性，但投资者心存侥幸，很难听进财务人员的意见。

（3）税收风险加剧。企业规模迅速扩张，营业额迅速上升，但由于投资者纳税意识淡薄，企业税收不按实缴纳的情形在这一时期较突出，企业税收风险加剧，财务人员的风险也迅速增加。

二、成长期节税工程的突破口

在我们对成长期企业经营特点和纳税特点有了一个基本的认识之后，便可以寻找到节税工程的突破口了。

1. "靠近法规与远离法规"

在企业的成长期，各项经营业务均已经开展起来，税收法规所规定的各种情形基本上都会涉及。这些情形归纳起来，涉及所得税和流转税两个方面。

所得税方面的规定主要包括：关于收入确认时间规定（包括视同销售、资产置换等规定）、关于收入确认额度的规定、关于成本结转的规定、关于支出票据规范性的规定、关于纳税调整的规定、关于适用税率及优惠方面的规定、代扣代缴方面的规定、征收管理方面的规定。

流转税与所得税是无法分离的，除了涉及上述所得税规定中的几种规定外，还包括：适用税种的规定（包括混和业务及兼营业务的处理规定）、出口退税方面的规定、进项转出方面的规定。

当我们明白了有哪些法规，就可以实现"靠近法规或远离法规"了。通常来说，企业是希望降低税负或者说推迟纳税义务发生。当一项业务发生时，我们需要对照法规，一个字一个字分析法规的含义，然后创造条件让业务符合法规的要求或者远离法规的限制，一旦这些条件创造出来，突破口就找到了。

从这一角度能够找到的突破口主要有：

（1）创造条件（远离法规），推迟收入的确认，以推迟纳税（流转税、所得税）义务的发生。

（2）创造条件（远离法规），减少应税所得额，从而降低应纳所得税。

（3）创造条件（远离法规），减少增值额，从而降低增值税和所得税。

（4）利用税收优惠政策（靠近法规），实现税额减免。

（5）规范票据（靠近法规），规避应税所得额调增，减少所得税，或者取得进项发票，实现增值税进项抵扣。

（6）针对特别纳税调整法规，远离或靠近法规的规定，避免纳税调增。

2. "从大处着手，从小处完善"

在落实大处着手之前，我们要分析一下企业的现实状况，了解一下企业有没有关联企业，尤其是有没有适用不同税率的关联企业。如果有，就从企业之间来寻找税负落差，如果没有关联企业，就从税种之间来寻找税负落差。分子公司的转换，也是"从大处着手"的突破口之一。

（1）在企业之间寻找税负落差。当我们存在多个关联企业时，这些企业有的按 25%缴纳企业所得税，有的按 20%缴纳企业所得税，有的按 15%缴纳企业所得税。我们可以通过定价转让或者产能调节，达到节税的目。

有这样一个案例：某制造企业有两个生产基地，A 基地规模较大，是一般纳税人，按 25%纳企业所得税，B 基地是在高新技术开发区，按 15%纳企业所得税，两个基地均为独立法人。在我们介入之前，它们两个基地都是做完全部工序，并且由于 A 基地技术力量雄厚，产值远远大于 B 基地。在我们的策划下，我们建议 A 基地做前三个增值额很低的基础工序，半成品出来之后卖给 B 基地，B 基地做后五个增值额很高的工序，这样一来，大部分利润合理合法地从 A 基地转入 B 基地，原来纳 25%的所得税的利润，后来按 15%缴纳了，

186

节省了 10 个百分点——这个节约额已经高出企业纯利了，该公司纯利为 8%，实施节税工程之后，两个基地平均纯利高达 16%。

除了所得税，增值税也有落差，比如一般纳税人 13% 或 9% 的适用税率，而小规模纳税人适用 3% 的增征率。我们如果通过测算，发现一般纳税人增值税负低于 3%，那么关联企业小规模纳税人显然就没有税收优势了，反之亦然。

（2）税目转换。当在同一税目中间，寻找不到节税空间时，就应该站到更高层次去扩大视野，跳出某一种税的限制，在不同税目之间寻找突破口。

比如，某机械设备制造销售企业，希望在流转税方面有所降低。他们的产品销售给客户之后，还有大量的安装调试工作，每年也要进行较多的有偿维护。他们将安装调试的收入、维护的收入一并随产品计价，反应在同一个合同中，一并开发票。这个案例涉及多税种，但他们只按 13% 的增值税纳税。

我们对这家企业的业务进行了详细分析，建议他们成立一家安装调试服务公司，老公司只卖产品，安装和每年的维护都交给新公司去做。新公司适用 9% 的税率，原来按 13% 的增值税纳税，现在按 9% 纳税，税负降低了。同时，老公司的进项发票依然继续抵扣进项税，老公司的增值额降低了，流转税自然少缴了，同时一部分所得税也转移到了新公司。

（3）分子公司的转换。一个经济实体，在分公司和子公司之间转换是一件比较麻烦的事情，通过这种手段来节税也不常见。受地方政府的要求和限制，在某地设立分公司而不设子公司，常常也有一些阻力。但这种手段节税额常常较高。

根据企业所得税法的规定，分公司不具备独立法人资格，不能作为独立的法人主体纳税。而子公司是独立的法人主体，应该独立纳税。这一差别，常常被用在亏损弥补方面来节税。如果我们投资一个经济实体，可以预见前几年肯定是亏损的，我们最好的选择是办成分公司，分公司的亏损可以合并到母公司利润表中，从而降低母公司应纳税所得额。另一种情形，那就是母公司亏损，分公司盈利，合并报表之后，也起到同样的节税效果。

三、投资者和管理层的纳税意识转型

成长期的企业，投资者和管理层合法纳税意识较为淡薄。这首先是认识问题，创业初期，纳税很少，或者说稍稍实施一点偷逃税行为，就可以达到少缴或不缴税的目的，如今企业成长了，投资者和经营者还停留在原来的认识水平上，那就是缴一点点税才是合理的。其次，有侥幸心理，认为偷逃点税没什么大不了的事情，很多企业都在偷逃税，却没见多少企业在税收上出大问题。再者，认为自己政府关系好，出了税收问题可以轻易摆平。

一个企业要长久经营下去，要做百年老店，合法纳税是起码的要求。在一个企业当中，财务人员是最了解税收法规的，是最清楚合法纳税的重要性的。引导投资者和经营者走上依法纳税的路子，是财务人员的重要责任。那种老板要求偷逃税就偷逃税的财务人员，表面上看是忠诚于老板，听老板的话，其实这种人是最不忠诚的，眼看着老板滑向偷税的深渊却不提醒。

作为财务人员，应该引导投资者和经营者树立以下意识：

（1）纳税是必须的，也是正常的。自从有了国家机器，就有了税收，国家机器要运转，要履行其职责和实现其职能，就需要经费。世界上有两件事情不可避免：一是死亡，二是纳税。投资者和经营者要有这么一种意识，你所挣的钱中间，原本就包括应该给国家的那部分，因为国家为你的经营提供了市场环境、秩序和必要的保护等等。

（2）合法纳税符合企业长远利益。偷逃税虽然在眼前是减少了纳税额，但这样始终会留下问题，这些问题并不会随时间的消亡而消亡，当某一天面临严厉稽查，旧账新账一齐算，对企业来说将是非常沉重的打击。有些企业因为偷税，遭受的罚款和滞纳金甚至远远超过偷税额。而且，一旦在偷逃税中尝到甜头，经营者会如同吸毒一样"上瘾"，其欲望越来越强，额度越来越大，最终使企业走上一条违法乱纪的不归路。

（3）不用偷逃税也可以降低税负。作为财务人员，应该让经营者知道，不需要偷逃税，也可以实现低税负。实施节税工程，所节省的税额，常常并不比偷逃税的额度小，甚至比其额度大得多。当有一种安全的节税手段时，相信经营者再也不会去铤而走险了。只是，很多经营者并不知道节税工程的节税效果。

（4）不考虑节税工程的经营行为，无法实现价值最大化。税收，是对企业价值的一种抵减，纳税越多，属于企业和股东的权益就越少。实现企业价值最大化，一定要考虑税收成本。参与企业利益分配的，除了股东、员工、债权人（通过利息参与分配）之外，国家也是一个重要的参与分配的角色。一个企业赚了很多钱，但如果不懂得节税工程，最后分到股东手中的，就会比预料的少得多。很多老板抱怨："我辛辛苦苦工作，企业缴了税，分红时还得缴个人所得税，到头来还比不上一个打工仔。"缴税没有错，企业应该缴所得税，个人分红应该缴个人所得税，关键在于可以通过节税工程少缴但却主动放弃了。

四、"三大手段" 的运用

（一）"节税一问"：变换企业组织形式和控制方式，能否节税？

处于发展期的企业，通常规模属于中小企业，经济实体通常也只有一个。这一阶段最常见的两种变换是，小规模纳税人向一般纳税人转变和将企业分离一部分出去。

1. 小规模纳税人向一般纳税人转换

小规模纳税人向一般纳税人转变之后，对经营上的推动是明显的，一方面可以更容易与大企业做生意，因为很多大企业采购都要求增值税专用发票，另一方面可以促进企业管理规范化、核算规范化。

小规模纳税人向一般纳税人转换，却不一定可以节税，有时反而纳税更多。比如核定征收的小规模纳税人企业，常常纳税较少，转换为一般纳税人之后，实行查账征收，税负明显加重。另外一种常见的情形是，转换为一般纳税人之后，采购环节的进项发票常常无法取得，进项抵扣很少，造成税负偏高。

但随着企业规模增大，转换为一般纳税人是必然的事情，你不主动申报，税务局都会要求你申报。在增值税暂行条例对小规模纳税人征收率实施调整之前，如果加强采购环节供应商的筛选，尽可能取得进项发票，小规模纳税人转换一般纳税人后，税负通常会降低的。国家在修改增值税条例时，将小规模企业征收率由原来的6%一下子降为3%，而一般纳税人适用税率却没有调整，这就充分说明小规模纳税人原来的税负是明显偏高的。现在小规模纳税人征收率修改了，这种税负落差已经缩小了，采购环节管理不当，很容易加重税负，尤其是劳动密集型企业，人力成本占产品成本比重较大，而人力成本是无法实现进项抵扣的。

当企业必须转换为一般纳税人时，怎么办呢？这就要结合我们下面马上要讲述的"将企业分离一部分出去"了。

2. 将企业分离一部分出去

企业规模不断发展壮大，必须转换为一般纳税人，而通过测试，由于人力成本占比重较大，以及采购环节小规模纳税人供应商较多等原因，转换之后，税负明显升高。这时，就需要实施企业分离了。

所谓企业分离，就是将企业化整为零，将能够取得较多进项发票，以及人力成本相对占比例较低的业务留在主体企业里，将主体企业转换为一般纳税人；而将难以取得进项发票，以及人力成本占比例较高的业务分离出去，另外注册一个小规模纳税人企业。

这个分离出去的小规模纳税人企业小到什么程度，一要向企业所得税法靠近，二要向增值税法规远离：

一是小微税收优惠政策。符合条件的小型微利企业，是指从事国家非限制和禁止行业，并符合下列条件的企业：年度应纳税所得额不超过 300 万元，从业人数不超过 300 人，资产总额不超过 5 000 万元。这一"靠近法规"的行为，可以降低所得税税额。

二是比照增值税法规相关法规，让新注册的小企业够不上一般纳税人的条件。这一"远离法规"的行为，可以降低增值税。

这样的"小规模纳税人"注册多少个，可以根据需要而定。在有的时候，分离出去的企业也可以注册为独资企业或者个体工商户。

3. 控制形式

这一时期的企业，通常不具备注册为集团的条件，也没必要注册为集团。在控股与不控股的选择上，我们也建议主体企业不对分离出去的企业控股，以降低关联关系，避免税务部门过分关注。

在内部核算和管理上面，可以实行虚拟集团管理，主体企业和分

191

离出去的企业实行报表合并，以供投资者使用。但对外，各个企业均为独立法人，均独立报表。

4．案例分析

某皮鞋制造企业 2008 年还是小规模纳税人（备注：当时尚未"营改增"，本案例还涉及营业税）。由于规模已经远远超出了"小规模"，税务局要求申办为一般纳税人，并于 2009 年 1 月 1 日取得一般纳税人资格。

2009 年 1—6 月营业额达到 5 000 万元（不含税）。如果维持小规模纳税人身份，1—6 月就应该增值税：5 000×3%＝150 万元。现一般纳税人资格已经认定，显然不能按 3% 征收率纳增值税了。但由于供应商中大量存在个体户，1—6 月只取得 2 000 万元的进项发票，并且这家企业是典型的劳动密集型企业。1—6 月实际纳增值税额为 5 000×17%－2 000×17%＝510 万元。相比于按小规模纳税人身份来说，增值税同比上升了 360 万元！

为此，这家企业的负责人 2009 年 8 月找到税收专家，要求帮忙节税。税收专家就实施了分离手术。

在主体企业之外，同时注册了 5 个小企业，其中 4 个小规模纳税人，1 个核定征收的个体户。4 个小规模纳税人按 3% 征收率纳增值税，按 20% 的企业所得税税率纳企业所得税。个体户按核定征收，当地税务部门核定每月流转税额 2 000 元。

这 5 个"小企业"分别做什么呢？其中 1 个小规模纳税人为主体企业做代加工，负责劳动最密集的环节加工，向主体企业收取代加工费。另 3 个小规模纳税人独立生产皮鞋，完成全部工序并直接向市场发货，不能提供进项发票的供应商，大部分给这家企业供货。还有一个个体户也是独立生产皮鞋并直接向市场发货，完成全部工序，其供应商也主要是不能提供增值税发票的企业。

再看产能的分配。主体企业完成总产能的50%，规模和其能够取得的进项发票相配比。其余4个小规模纳税人企业承担了45%的产能，个体户那个企业承担5%的产值。

假设上述工作实现后的6个月里，这家企业的销售额还是5 000万元（不含税），进项票还是2 000万元，那么，总体纳增值税情况是：

（1）5 000×50%×17%-2 000×17%=85万元。

（2）5 000×45%×3%=67.5万元。

另外，个体户流转税额：2 000×6=12 000元。

相对于2009年1—6月同产值情况下纳510万元增值税，显然是降低了许多，基本上接近转换为一般纳税人之前的150万元增值税税额了。

（二）"节税二问"：在地域和产业布局上下点功夫，能否节税？

不同地域可能存在税负落差，比如免征或减征所得税的民族自治地区，其实际执行的所得税率，就比通常地区的25%要低得多。

在产业上选择上，主要是考虑高新技术企业，这类企业减按15%征收所得税。不过，由于这一时期的企业，所涉及的产业领域比较固定，除非创立之初就选择了高新技术企业，一般的投资者不会中途转向的，因为实力限制，不可能为了节税而硬往高新技术领域挤。作为节税专家，要根据企业实际情况提出切实可行的建议。通常情况下，还是主要考虑地域布局。

中国目前各个地方经济发展水平差距很大，有些地方为了招商引资，想尽一切办法在税收优惠上面做文章。比如，通过财政返还的方式，将税收地方留成部分返给企业。也有一些地方政府与投资者谈判，实行定额纳税，你按核定额纳税之后，你产值多大都不再管你。这些地方"土政策"对成长期的企业有相当的吸引力。

有些地方做得更超前，只要你到我这里投资建厂，营业执照都不用办，税收象征性给一点就是了。当然，这样的"政策"对企业来说，风险太大了，地下工厂毕竟是不合法的。

处于成长期的企业，刻意要把企业挪一个地方，面临诸多现实困难。一是资金问题，没有那么多钱来投资多个企业；二是经营管理问题，企业分散了管理难度就更大，三是受制于地方税务部门，你挪窝了，税源也就跑了，地方税务部门不会轻易让你离开的。

要克服上述这些困难，我们建议：不挪地方，但新增产能放到新工厂去，新工厂慎重选址，既不影响经营管理，又达到节税的目的。新工厂在组织形式和控制方式上，按照我们前文讲的，依照税负情况来决策。除了新增产值放到新工厂外，还可以考虑把某些工序放在新工厂去。

案例：

浙江某工业园区有一家实木家具企业，以前是个体工商户，按核定征收纳税，每年缴几万元就行了。该企业年产值达到1亿元左右时，在税务局要求下，转换为一般纳税人，税负方面显著提升，投资人非常困惑。

该企业收购实木，然后加工成家具出售，增值税率为17%（备注：本案例发生时，增值税税率还未下调）。他们采购实木是从个体工商户手中采购的，无法取得进项发票。当产值达到1亿元时，需要纳增值税1 700万元。为了降低纳税额，投资人采取偷税的方法，隐瞒销售收入，不开发票部分的销售回款全部打入个人存折。2009年初，税务部门介入，通过对采购量、投入产出比核定，发现了该企业的偷税、逃税行为，给予了巨额罚款。

吃了亏的投资人，找到了我们税务专家团队。我们提出如下建议：

（1）在某盛产实木的地方小县新建一个工厂，该工厂为一般纳税人企业，负责实木家具前三个工序的生产，半成品卖给主体企业，给主体企业开增值税发票。

（2）新增产能在新厂中实现，主体企业产能不再扩大（两个企业产能加起来，是显著提升了）。

（3）所有实木，均直接向农民采购。

我们建议建两个新厂，是因为当地政府在招商协议中签订了优惠政策：在前三年中，企业所纳税款中，县级地方留成部分全部返还。所有实木均向农民采购，是向《中华人民共和国增值税暂行条例》第八条第三款靠近："（三）购进农产品，除取得增值税专用发票或者海关进口增值税专用缴款书外，按照农产品收购发票或者销售发票上注明的农产品买价和13%的扣除率计算的进项税额。进项税额计算公式：进项税额＝买价×扣除率。"如此一来，企业税负明显下降了。

（三）"节税三问"：变革一下业务流程，能否节税？

成长期的企业，通常不具备跨关联企业实施流程再造的条件，因为这一时期的投资者通常就只有一个经济实体。

这一时期的企业，在变革流程方面，一种情况是基于业务招待费、广告费等超标面临纳税调整，而设立新企业，将广告费、业务招待费分割成几块，另一种情况是对单个企业内部流程进行梳理变革，以达到节税的目的。

案例：

　　某零件制造企业有四个生产工序，开料、打磨、打孔和组装。其中开料、打孔、组装机械化程度高，人力成本相对较低，而打磨工序全部是人工操作，属于超劳动密集型。经过测算，企业产品增值额中，有28%属于人力成本，这就意味着有28%的增值部分是无法实现进项抵扣的，得按17%的增值税率纳税（备注：本案例发生时，税率尚未下调）。2008年，该企业产值5亿元，仅这一项不能实现进项抵扣的增值税，就得纳增值税：5亿×28%×17%=2 380万。

　　这家企业聘请了我们团队的税务专家，专家对其生产流程进行调查后，提出建议：将打磨工序交给别的企业去做。即企业开模之后，把半成品卖给另一家企业，另一家企业打磨好之后，再把半成品卖回来。这家代加工企业为一般纳税人，半成品卖出买进均开具增值税专用发票。

　　根据我们的意见，劳动密集型工序转到外厂，不能实现进项抵扣的高额人力成本也转嫁出去了，如此一来，该企业产品增值额中，人力成本降为10%。在同样是5亿产值中，不能实现进项抵扣的人力成本降低之后，这一项的增值税也降低为5亿×10%×17%=850万元，节税额：2 380-850=1 530万元（由于价格控制合理，开模后卖出去与打磨后买进来税收基本抵平，这个卖和买的环节未增加新的税负）。

　　与此相关的一个案例是这家企业的同行B企业，因为无力购买大型开料设备，开料工序就是超劳动密集型，在我们建议下，B企业则把开料工序交给上述这家企业来做，以降低不能实现进项抵扣的人力成本在产品增值额中的比重。

第八章

基于企业生命周期的节税工程（三）：扩张期节税工程

一、扩张期企业经营特点和纳税特点

1. 经营特点

企业经过成长期后，在市场站稳了脚跟，具有了一定的竞争实力后，进入扩张期。在积累大量的资金后，基于对未来的考虑，实施扩张战略，力争做大做强，以便在竞争中立于不败之地。这一时期的经营有以下特点：

（1）出现企业兼并和战略联盟。成长期的企业所涉及的领域较小，为了快速地扩张和做大做强，加大投资者为积累的资金寻找出路是投资者通常的做法。短期内做大做强最好的方式是兼并，以及寻找可以合作的伙伴建立战略联盟。因此，扩张期的企业"花钱买成长"是其重要特点。当企业扩张到一定程度，行业地位确立之后，选择稳定型战略是扩张期后企业的一种战略选择。

（2）出现纵向发展和横向发展扩张趋势。"花钱买成长"涉及两个方向：一是纵向发展形成产、供、销一体化的发展方向；二是横向发展涉及多领域的发展方向。前者常常被称为纵向一体化，后者常常被称为横向一体化。具备较大规模的企业，业务涉及多个领域，企业关系和产权关系变得错综复杂。

（3）注重企业品牌的建设。扩张期的企业产品或技术在市场上已具有一定的知名度，扩张的目的之一是将知名度扩大化。这一时期，以品牌建设为导向取代以销量为导向的发展策略，企业无形资产迅速增加。

（4）管理难度的增大。不断的扩张，企业可能涉及不同的行业和领域，企业供、产、销基地数量增多，地域分散，资金进出口增多，管理层级增加。这些情况给管理带来相当大的困难。在这时期，企业会大量引进人才，并且人才流动频率显著增强。这一时期的管理文化已经成型，管理手段复杂多样，在追求管理规范的同时也承受着巨大的管理成本。

（5）集团化管理模式普遍存在。在这一时期，集团化管理模式普遍存在。在扩张过程中，多个企业设立，但相互之间都存在产权纽带，投资主体比较集中，这些投资主体为了整体控制企业，选择集团化管理模式是必然的选择。一种是注册集团公司，一种是不注册集团公司但采取虚拟集团管理。集团化管理对人财物统一调配，可以最大限度地实现资源的有效利用，但整体经营效率却显著下降。

（6）财务管理职能凸现。随着企业规模化，管理的规范化，财务核算规范化，财务职能已从核算职能向管理职能实现质的飞跃。财务管理已全面深入到企业管理的各个领域，企业发展方向的规划、决策支持、股东利益的保证、资金的筹措、子公司的监督、绩效考核的执行、公众财务信息的批露等。这一时期，财务管理职能的重要性凸现出来，受到股东、经营管理层的高度重视。

2. 纳税特点

处于扩张期的企业，其纳税特点如下所述：

（1）单个企业税负趋于合理，税额稳定，节税工程受到重视。随着企业进一步扩大，企业经营趋于稳定，并且由于核算的规范化，企业税负趋于合理，税额也较为稳定。这一时期的很多企业，都可能成为当地的纳税大户，成为当地税务局重点监控的对象，并可能成为税务局税源调查的对象，企业稍有风吹草动，就极易受到税务局的关注，比如，产值下降、利润下降等，都可以被税务征管人员要求"给个说法"。单个企业在节税工程实施上优势不明显，这一时期的纳税专家通常会考虑从整个集团角度来实现节税，节税工程受到投资者和经营管理层的重视。

（2）纳税意识增强。企业扩张期，特别是并购的时候，其出发点一方面是企业发展的需要，另一方面也可能是为了节税。收购一个企业承担该企业的责、权、债务的时候，会将这个被企业收购前的税收风险转移至现有企业，收购方会全面考虑并将税收风险降至最低程度。同时，企业大规模地扩张，通常以关联性产业扩张为主，如果税务出现较大的风险，将会阻碍整个集团的发展。与成长期企业所不同的是，成长期企业之间品牌纽带关系和产业纽带关系都不强，一个企业出现税收问题不会影响另外一个企业的发展。所以，在这一时期，合法纳税意识有较大的提高，投资者出于长远考虑，通常不会冒税收风险，并且由于企业实力增强，纳税所需的资金压力已经很小，投资者通常不会干预税收资金的使用。

（3）节税工程具有挑战性。企业急剧扩张后，涉及的税种多，关联企业地域分散，集团跨产业或行业，税收优惠的存在地域或产业差异，经营环境复杂，分子公司的控制难度加工，市场竞争激烈等多种因素，使整个企业集团节税工程具有较大的挑战性。如果放任不管，企业可能多交税，利益可能将受到损害，而实施节税工程，成本较高，难度较大，并且容易陷入偷税的陷阱。

二、扩张期节税工程的突破口

经过对扩张期企业经营特点和纳税特点的分析，我们可以寻找到节税工程的突破口。

1. "靠近法规与远离法规"

企业的扩张期，除了传统的生产经营业务外，还可能涉及并购重组等资本运作，经营面越来越宽，涉及的会计准则较复杂，涉及的税法规定也比较特殊。相对于成长期而言，增加了较多的资本运作产生的税务问题。另外，在资源的重新配置过程中，还会产生大量的资产税。税收变得相对较为复杂。

扩张期企业这一时期的税收法规，除了成长期企业所面临的法规外，投资者、经营管理者和财税人员还会关注到资本运作、关联交易等法规，这些法规对企业税收的影响，往往是非常重要的。比如，在有的并购过程中，如何设计并购款的支付方式，就可以产生不同的税收影响，其税收差额常常是上千万元甚至上亿元。节税工程专家在企业这一生命周期阶段常常大显身手。

掌握了法规，明确法规的内容，并根据法规的变化，发现变化中对企业有利的方向，努力营造机会，就可以实现"靠近法规或远离法规"目标。特别是 2017 年执行的新修订的《增值税暂行条例》、2016 年全面"营改增"、2009 年修订《消费税暂行条例》，以及 2018 年开始执行的新《企业所得税法》较以前的税收规定有很大的不同。掌握新法规是节税工程的基础，如果对法规不清楚或理解不透，将对企业带来较大的损失。

基于法规研究和运用方面的节税突破口，涉及流转税的主要有：

（1）变换税种或税目（靠近法规）。将税负高的税种或税目转换为低的税种或税目，降低整体税负。

（2）变换销售方式（靠近法规）。利用视同销售的规定，变直接销售为代销，以推迟纳税（流转税、所得税）义务的发生。

（3）价外费用转移（远离法规）。创造条件让价外费用由对方（供应商或客户）承担，降低计税的税基，从而降低税额。

（4）混合销售处理（远离法规）。混合销售是否分离，如果分离对节税有利可以选择分离，如果分离对节税不利则选择不分离。

（5）集团内部转让资产（靠近法规）。比如向子公司或同一集团内公司销售使用过的物品，提高对方公司的费用抵扣，降低所得税；另外，符合条件的技术转让所得免征增值税，也为集团公司带来较大的节税空间。

（6）提高进项票索取率（靠近法规）。所有进货或费用能取得增值税专用发票的都取得增值税发票。2017 年按新的增值税暂行条例规定，除特殊情况下的进项税不能抵扣外，基本上都可以抵扣进项税，包括购进固定资产的进项税，所以一般纳税人企业尽可能地取得增值税专用发票，可以大大降低增值税。

（7）临界点控制（远离法规）。小规模纳税人通过对临界点的控制可以实现节税。税法规定从事货物生产或者提供应税劳务为主，并兼营货物批发或者零售的纳税人，年应征增值税销售额 500 万元以下的为小规模纳税人。税法规定，纳税人销售额超过小规模纳税人标准，未申请办理一般纳税人认定手续的，应按销售额依照增值税税率（13% 或 9%）计算应纳税额，不得抵扣进项税额，也不得使用增值税专用发票。企业可以采用延迟确认收入、分期确认收入等方式将销售额控制在限额以下，避免无进项抵扣下 13% 或 9% 的高税率。在扩张期，集团内部多种形式的企业存在是有利于节税工程的实施的，因此，小规模纳税人和一般纳税人并存是必要的。

（8）变更收入确认方式（远离法规）。收入确认的方式变更可以降低流转税，收入确认时间调整可以延迟纳税义务的时间。比如，融资租赁方在融资租赁资产时，可以将收取的部分款项作为融资租赁方提供的融资费用，降低租赁收入，降低流转税。

（9）控制发票开具时间（远离法规）。调整发票及红票（退票）的开具时间，可以延迟纳税时间。税法规定，销售货物或者应税劳务，收入确认时间为收讫销售款项或者取得索取销售款项凭据的当天；先开具发票的，为开具发票的当天。所以不提前开具发票可延迟纳税的时间。另外，企业采购过程中如果产生了退货，延迟开红票也可延迟企业纳税时间。

基于法规研究和运用方面的节税突破口，涉及所得税的，在收入确认方面与流转税一致，此外，还包括：

（1）投资资产与费用的转换（远离法规和靠近法规）。投资资产的成本在计算应纳税所得额时不得扣除，但是在同一控制下企业合并产生的费用是直接计入当期费用，可以抵减当期所得税。

（2）费用扣除限额充分利用（靠近法规和远离法规）。对于公益性捐赠支出，可以在年度利润12%之内抵扣所得税，而对于非公益性支出则不允许抵扣所得税，故应靠近法规，取得相应依据，使之成为公益性捐赠。对于税收滞纳金、罚金、罚款等不允许抵扣的费用，应远离法规，不产生此类费用。对于不允许抵扣的赞助支出，应创造为广告费支出，可以在当年营业收入15%以内抵扣。

（3）成本费用调节利润（靠近法规）。对于可以加速折旧的固定资产可以加速折旧，延迟所得税的缴纳。对于可以抵扣的企业间拆借利息，可以利用关联企业减少单个企业的所得税税额。对于成本结转，可以选择适合企业纳税的方式，调节缴纳所得税的时间。

（4）充分利用财务会计与税法差异的规定（远离法规）。对于财务会计与税法差异，纳税时以税法为准，要求核算时尽量兼顾税法差异，避免不必要的调税调整，造成企业损失。特别是财务先计入费用而税法要求费用滞后确认现象应尽量避免。

（5）充分利用费用加计规定（靠近法规）。开发新技术、新产品、新工艺发生的研究开发费用可以加计75%扣除；安置残疾人员所支付的工资可以加计100%扣除。

（6）充分利用税收优惠或创造优惠条件（靠近法规）。创造条件争取免税和减少税额，比如投资国债免税、符合条件的技术转让免税、创造条件达到高科技企业享受15%的所得税等。

（7）利用纳税调整规定（远离法规）。充分理解和运用特别纳税调整的规定，控制关联关系，创造条件既达到节税的目的，又避免纳税调整。

2. "从大处着手，从小处完善"

对于扩张期的企业来说，形式或实质上已经形成了集团公司的管理模式。无论是横向发展的企业还是纵向发展的企业，均有较多的企业实体存在。每个企业实体均由集团公司（或虚拟集团公司）统一管理。集团公司在人、财、物、信息、知识方面有较强的调控能力。由于每个企业实体均有各自的经营特点、纳税环境和不同的资源构成。分析每个企业存在的可利用资源、税收的优劣势，通过集团公司的调控，为整个集团公司节税找到新的突破口。所以在集团模式下，"从大处着手"主要是专家配合集团公司高层所进行的策划，而"从小处完善"主要是各个企业实体具体的操作行为。

"从大处着手"

（1）集团纳税预算，平衡税负。作为一个实施集团或虚拟集团管理的公司，纳税预算是必不可少的。纳税预算不仅是对一个年度所缴纳各种税费的预算，也是资金预算的重要组成部分。纳税预算应是全面的预算，包括集团内各个公司的流转税、财产税、行为税、所得税以及相关附加费的预算。预算的基础为企业的生产经营计划、涉及的税种、税率、税收优惠条件、以往年度的经营情况等。

编制纳税预算的主要目的是为节税工程打下坚实的基础。前面已经说到，扩张期的企业、单个公司节税的难度较大，而且操作性较低，节税工程主要是站在集团层面上来实施。

编制纳税预算还有两个重要的作用：一是看一下哪个公司有降低税负的空间，或者某一个或几个公司增加了部分税负是否对整个集团公司税负降低有帮助作用；二是平衡各个公司税负的合理性。很多公司因为是独立纳税人，税务局会每年比对分析该公司纳税是否合理，如果出现异常，常常成为税务检查的重点对象。所以平衡单个公司的税负也是重要的工作。

纳税预算应由各个独立公司编制，由集团公司财务负责汇总。在科学地编制纳税预算后，"从大处着手"的着力点就可以轻易找到，甚至在预算编制过程中，财务人员就已经找到了节税工程的重点实施环节或企业。

（2）人员调控，转移人力成本。很多人以为人员的调控与节税无关紧要，其实不然。作为一个集团公司，所调控的人、财、物、信息、技术都是节税的重要内容。

很多集团公司都存在这么一种情况：一套人马，几块牌子，人员的调动是由集团公司控制。如何节税呢？需要从纳税预算分析哪个公司的所得税高，而哪个公司利润是亏损不用缴纳所得税的。人员调控的目的是将亏损企业的部分人员的工资费用纳入盈利企业的工资费用，从而在所得税上实现少交税的目的。其实这是变相地将亏损企业的亏损抵减了盈利企业的利润。

另外，所得税法规定安置残疾人员所支付的工资可以加计100%扣除，这也是企业可以降低所得税费用的一种途径。某些地方税务局还代征了残疾人就业保证金。该保证金是按每百名员工需安置多少残疾人就业征收的费用。如果安置了残疾人，该保证金就可以少交或不交，虽然不是税收的范围，但是同样可以降低企业的费用进而增加利润。

（3）资金的调控。资金的调控主要是指集团公司资金在各个企业之间进行分配的过程。就涉及节税而言，主要是运用所得税法实施细则中的规定：非金融企业向非金融企业借款的利息支出，不超过按照金融企业同期同类贷款利率计算的数额的部分可以税前抵扣。需要注意的是，企业从其关联方接受的债权性投资与权益性投资的比例超过规定标准而发生的利息支出，不得在计算应纳税所得额时扣除。这里所指的比例金融企业为5：1；其他企业为2：1。在运用这个规定时，最好的方式是利用集团内非关联企业进行资金的运作。

（4）物资的调控。物资的调控涉及两方面：一是有形物资的调控，二是无形物资的调控。有形物资主要指存货和固定资产。有形物资的调控涉及的节税主要有两种：一是利用存货的销售定价在不同企业之间进行价差的调节，达到少交税、缓交税以及平衡税负的目的；二是将固定资产在企业之间进行销售调配，增加盈利企业的可抵扣费用。这里需要说明的是，《财政部 国家税务总局关于部分货物适用增值税低税率和简易办法征收增值税政策的通知》（财税〔2009〕9号）对此调配行为有一定的限制规定："一般纳税人销售自己使用过的属于条例第十条规定不得抵扣且未抵扣进项税额的固定资产，按简易办法依3%征收率减按2%征收增值税"；"一般纳税人销售自己使用过的其他固定资产，按照《财政部 国家税务总局关于全国实施增值税

205

转型改革若干问题的通知》（财税〔2008〕170号）第四条的规定执行"；"一般纳税人销售自己使用过的除固定资产以外的物品，应当按照适用税率征收增值税"；"小规模纳税人（除其他个人外，下同）销售自己使用过的固定资产，减按2%征收率征收增值税"；"小规模纳税人销售自己使用过的除固定资产以外的物品，应按3%的征收率征收增值税"；"纳税人销售旧货，按照简易办法依3%征收率减按2%征收增值税"。因此，在操作时，要特别注意"靠近法规"或"远离法规"。

　　无形资产的调控主要指专利技术的调控，也可以涉及商标、土地使用权等的调控。商标及土地使用权的调控涉及增值税的问题，需要全面考虑综合节税效益后再实施。专利技术调控具有较强的操作性，主要依据于《企业所得税法实施条例》第九十条的规定："企业所得税法第二十七条第（四）项所称符合条件的技术转让所得免征、减征企业所得税，是指一个纳税年度内，居民企业技术转让所得不超过500万元的部分，免征企业所得税；超过500万元的部分，减半征收企业所得税。"基于此，一个企业的专利技术可能在会计账上只有很少的价值甚至没有价值（财务会计将成本费用化处理了）。但通过调控，该技术在另外一个企业可以变成500万的抵扣基数而不须增加原有企业的税费，只需花一些过户费而已。按现行所得税税率25%计算可以累计少交125万元的所得税。

　　（5）费用的策划。费用策划涉及费用分割和费用的处理方式。费用的分割节税是因为集团管理的企业，基于统一采购统一付费可以降低采购成本来考虑。统一采购或统一付费既然可以带来成本的节约，那么与之相对的费用分割也就可以成为利用的节税条件。这个问题涉及关联交易。按相关的法规，费用应当按照独立交易原则进行分摊。但是作为集团公司，按照有利于自己的原则进行费用分割完全是可以做到的。比如，如果盈利企业采购量大，我们就按采购量进行费用分割；再比如，某个或某些企业税负高，我们看这些税负高的企业在费用中哪一个因素占比大，我们就以这个因素进行费用分割。总之，目的就一个，让利润多的企业多分担费用，或者让税负高的企业多分担费用。当然这些分割，必须是合法的，否则税务局不会同意。

费用的处理方式，主要是根据纳税预算对盈亏的预测，在税法允许的范围内对诸如固定资产折旧、无形资产摊销、长期待摊费用摊销以及费用是否资本化等方面进行合理的规划。虽然财务核算受会计制度一贯性要求限制，但是当经营条件发生变化时，核算的改变是符合要求的也是允许的，这些改变对税收的缴纳有较大的影响。

（6）投资的规划。投资是扩张期企业主要的特点。投资项目、投资方式、投资地点、投资产业、投资人的选择、投资所设立企业的形式等，均是在投资前就需要进行节税规划的，即投资前必须详细考虑税收的因素。投资规划是节税的基础，基础搞好后，节税也就比较简单了。投资规划应该是企业事前节税的表现，有较强的主动性。

关于投资项目，如果几个项目都可行，收益相差不大的情况下，应该倾向于选择税负较低或有税收优惠的项目。

关于投资方式，主要是采用货币投资、实物投资还是无形资产投资的问题。一般而言，货币投资是最简单的方式。但是，对于现金缺乏的企业，建议利用价值较低的固定资产或无形资产经过评估后抬高价值，可以为企业预先抬高抵扣的基数，从而在今后的经营当中少交所得税。

关于投资地点，主要是争取进入具有税收优惠和税收返还政策的地区。

关于投资人，主要是考虑投资人是否与新企业建立关联关系。税法所称关联关系是指与企业有下列关联关系之一的企业、其他组织或

207

者个人：一是在资金、经营、购销等方面存在直接或者间接的控制关系；二是直接或者间接地同为第三者控制；三是在利益上具有相关联的其他关系。但是对于较隐蔽的企业关系，一般不会认定为关联关系。如果要展示关联关系，可以是老企业做投资人（股东）。如果不想展示关联关系，则可以用其他可以控制的企业和个人做投资人。国家目前已经加大对关联企业的税收关注，我们应该尽量避免较多的关联关系。

关于投资设立企业的形式，主要是成立分公司还是子公司的问题，是小规模纳税人还是一般纳税人的问题，以及是否考虑个体工商户形式的问题。这需要企业综合考虑经营情况、投资目的以及税收预测来作出决定。

（7）注销税务风险大的企业。对企业来说，这是一个不得已而为之的办法，由于很多企业经过一定时间的发展，进入扩张期后，可能存在很大的税收风险，而这种风险在未来比较长的时间不可能化解，或者化解这一风险的成本太高。那么注销此类企业应该算是比较好的一种方式。当然为了企业不因注销而影响正常的经营活动，可以过渡一定时间，将该企业的业务向其他企业剥离。

"从小处完善"

上面，我们谈了"从大处着手"的节税突破口，下面谈一下"从小处完善"的节税措施。小处完善主要是指大处着手落实后，在细节上，在具体操作上进行必要的完善，使节税在实质上、形式上达到税法的要求。具体来讲主要包括：

（1）相关支持文件的准备。相关支持文件的准备主要是指为取得免税或税收优惠而必须准备的相关文件。一般来说，申请免税或税收优惠等文件，税务机关要求企业提供较多的资料，如高新技术企业享受15%的所得税会要求准备当地科委颁发的高新技术企业资质证书、企业享受税收优惠的申请、专利证书、相关证照复印件、审计报告等。为此，企业从创业初期，就要有意识地妥善保存相关资料以备使用。

（2）会计核算的配合。对公司制的企业而言，会计核算与税收是密不可分的，特别对于涉税的核算更需要会计核算全力配合，比如兼营不同税率的业务时，税务要求分开核算，不分开核算从高征收税，在这种情况下，会计核算就要服从并满足于节税的要求。

（3）税务机关批复。很多税收优惠或免税行为，是需要经过税务机关书面批复的。一个企业依照条件可以享受税收优惠，但未到到税务机关申请批复，那么该企业也是不能享受优惠的。很多企业在这方面吃了亏，该享受的优惠没有享受。作为税务机关，是没有义务来提示企业申请优惠的。

（4）创造新的条件适应税法的要求。企业的情况千差万别，对于相当一部分企业而言，直接享受税收优惠的条件并不完全具备，常常会差一些细小的条件。在这种情况下，经过努力或调整就可以享受税收优惠。为此，企业财税人员应经常掌握税收的变化，创造条件满足税收优惠，争取少交税费，减少企业支出。

三、推动管理层重视纳税和节税

进入扩张期，企业经营相对稳定，企业管理层尤其是投资者对经营风险的关注度不像前两个时期那么重要了，甚至出现懈怠情形。在这种时候，提示和推动管理层重视纳税和节税，向其阐明这两项工作的重要意义和长远影响是非常必要的，将其列为一种可能的风险，较容易引起管理层的重视，尤其在并购过程中，节税空间巨大，节税额相当可观，常常能够通过仅仅一个项目就确立节税的重要地位。

企业管理层既关注如何规避税务风险，又关注如何合法节税，力争在合理节税和税务风险之间取得最好的平衡点。同时，这一时期的企业已经具备了一定的社会地位和社会影响，如果税收出现问题将会影响企业的社会形象甚至沉重打击企业的发展势头，带来较大的负面影响。作为节税工程的具体实施人员，财务管理人员应当积极发挥如下作用。

1. 培训管理层

向管理层进行税法方面的培训，引导管理层掌握国家大致的税收政策，有利于财税工作的开展，同时有利于企业重大决策过程中关注税收问题。随着企业规模不断扩大，管理层对国家税收法规不清楚、不重视将制约企业的进一步发展。财务部门有必要和义务向高层灌输相应的国家税收政策，使高层在投资、经营决策等方面考虑税收的影响。当然，管理层不需要像财务人员那样细致地了解税收政策，只需要了解大致情况，在其心中确立税收和节税的重要性即可。

2. 纳税预算化

税收具有强制性，但并不表明企业就只能被动地接受税收。税收是可以安排的，可以有计划地缴纳，也可以降低额度，这就需要通过预算和节税工程来实现，我们称之为纳税预算化。财税工作人员，应该强化纳税预算的编制，并将其作为年度预算、资金预算的一个重要组成部分。

尤其是集团化管理的企业，纳税预算是节税的重要组成部分，应该形成一个预算制度。财务部门作为编制纳税预算的主体，应充分了解企业经营情况、税收缴纳情况，实施全面完整的预算编制。强化纳税预算的编制也是年度预算和日常资金预算的重要组成部分。

3. 将税收调查和评估植入投资流程

投资行为应该有一个较为完整的决策、实施、核算、评估流程，如图 8-1 所示。财务人员应该在这个流程中起到主导作用，从专业知识和技能角度来说，财务人员也应该当仁不让地主导这个流程，使投资更有序地进行，而不至于陷入管理层"拍脑袋"决策的尴尬中。

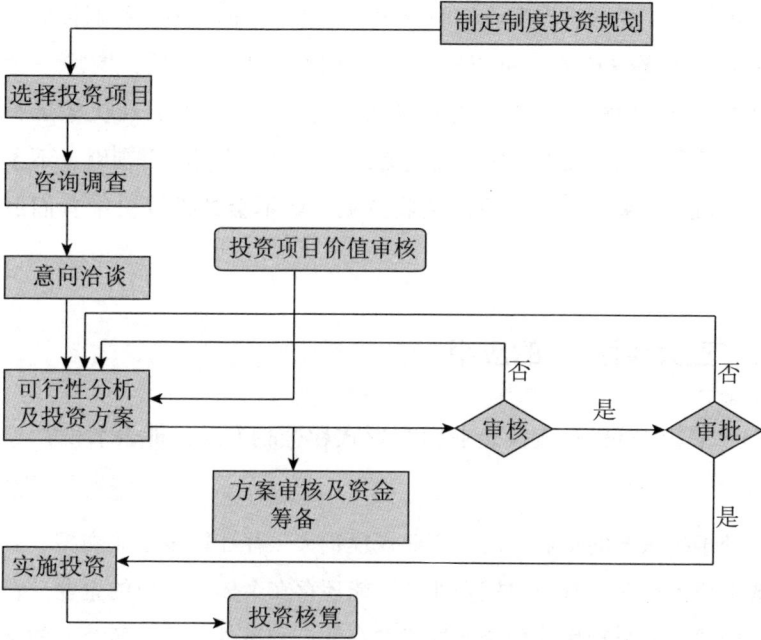

图 8-1 投资管理流程示意图

企业进行重大投资或兼并行为，在实施之前，财务人员应该对税收进行调查和评估，确定新项目税收状况和风险，寻找到有利于未来发展又有利于节税的最佳方案，寻找到可以节税的环节。联想在并购 IBM 的个人电脑业务时，支付的 12.5 亿美元中，现金是 6.5 亿美元，联想的股票是 6 亿美元。很多人问：为什么不全选现金，或者全选股票？他们之所以安排成"6.5 亿现金+6 亿股票"，其中大有原因：节税。如果换成其他比例，IBM 将缴纳巨额的税收。美国人是相当注重节税的，在重大决策之前，财务人员的税收建议受到高度重视，而不像中国一些企业，重大决策开始实施了，需要花钱了，财务人员才知道有投资这么一回事。

在图8-1中，没有明确标明税收调查和评估的内容。我们提倡将税收调查和评估植入，可以在"咨询调查"步骤之后，增加一个"税收调查与评估"。当植入之后的流程定稿之后，交公司决策层批准，然后形成正式文件，所有投资必须按文件来执行，否则财务不予认可。如此一来，财务人员的税收意见，就不会被投资决策者们遗忘了。

四、"三大手段" 的应用

(一) "节税一问"：变换企业组织形式和控制方式，能否节税？

处于扩张期的企业，由于企业规模扩大，存在较多企业类型，有一般纳税人企业，有小规模企业，可能还存在个体工商户的企业。在这一阶段，充分利用多种企业形式并存的有利条件，结合各企业的纳税特点，进行企业资源（包括税收优势）的调控，纵横捭阖，从而达到巨额节税的目的。至于是否选择控制的方式，需要在投资前进行综合的测算，考虑税收方面的收益，同时考虑投资和经营方面的需要来决策。

1. 多种形式企业之间调剂税负

多种企业形式并存的优势是显而易见的，如果一个企业集团既存在一般纳税人，也存在小规模纳税人，又存在个体经营者。可以在同是一般纳税人企业之间利用销售的关系调剂进项税较多的企业，减少当期应纳增值税的数额；如果一般纳税人企业销售税负高的话，可以利用经济业务的改变将产品以较低的价格销售给小规模或个体经营者，再由这些企业销售出去，这样就可以降低增值税额。对于亏损的企业，可以通过资源的调控，将企业的亏损转嫁至盈利企业，以实现盈利企业的当期所得税的减少。

（1）平行关系的增值税企业之间的调剂。比如，A、B两个企业同是一般纳税人，形式上不属于一个集团公司，但实际上是一个集团公司所控制，并且有类似的材料购进。A企业这个月由于季节性囤货有大量的进项税产生，抵掉当期销项尚有较多进项税额节余，而B企业当月由于各种原因进项税较少，而需缴纳大量的税金，于是，可以采取B企业从A企业采购的策略，将A企业多余的进项税转至B企业，减少B企业当期的应纳税额。

（2）上下游增值税企业之间的调剂。比如，A企业是批发零售企业，进货渠道为所销售商品的生产企业，所有进货均由生产企业全额开增值税专用发票。A企业采取三种销售渠道：一部分进商场零售，毛利为20%；一部分开专卖店零售，毛利为30%；一部分批发销售，毛利为6%。由于很多专卖店租金发票无法取得，不能合法实现税前抵扣，同时销售毛利很高，应交增值税压力太大。基于此，对于无法取得租赁发票的专卖店，全部注册成为个体经营户，个体经营户缴纳的是定额税。A公司在专卖店的销售就变为以代销的方式进行销售，代销的收入确定按批发价格确定。这样A公司既规避了无租赁发票不能抵所得税的问题，同时又减少了应纳增值税的问题。另外，A公司与个体经营户签订协议中约定，由A公司提供营业员进行销售支持，个体经营户员工的工资费用也记入了A公司，降低了A公司的企业所得税。

（3）不同税目企业之间的调剂。比如，A企业是咨询公司，缴纳6%的增值税，本年度估计纳税调整后亏损30万元，B企业是生产性盈利企业，缴纳增值税，所得税率25%。出于节税的考虑，B企业请A企业作了一个营销模式策划，收费25万元。A企业因此多缴纳：25×6%＝1.5万元的增值税，但是对于B企业而言，当期少缴了25×25%＝6.25万元的所得税，合计少交4.75万元的税款。

多种组织形式企业节税工作需要按照各个企业的优劣进行充分调查，找到各个企业的突破口之后实施。每个企业有每个企业的特点，无法生搬硬套。本章"从大处着手"所讲的各种方面均可以在不同组织类型进行合理调剂。调剂的目的只有一个：合法节税，减少企业税费支出。

2. 是否选择控制方式

当企业发展到扩张期，集团内已有的企业一般不会轻易变更控制的方式。如果当初是股权控制的企业，想要变更为非控制的企业，涉及产权的出让，产权出让一般情况下会存在投资增值，出让方涉及产权转让的所得税。对于当初不存在控股关系的企业或表面上不关联的企业，参与控制要经过股权变更，需要付出一定的成本。从节税角度考虑，我们建议尽可能不展示控制性和关联性。因此，我们不主张频繁变更现有企业的控制方式，除非对于企业基于战略、影响、融资等目的考虑而作变更。

对于新设的企业，在设立之前应充分考虑所有的因素以决定是否控股。对于与核心企业紧密联系的新设企业，基于共同采购、共同管理等因素，可以采用控制的方式。因为相近的业务和相同的管理，在操作费用分割和销售业务分割时具有较大的节税优势。对于与核心企业业务联系不紧密的企业，通常采用不控制、不关联的方式。这种不关联的企业可以在适当的机会找到一个实施节税工程的突破口，以减少企业的税费支出。

(二)"节税二问"：在地域布局和产业布局上下点功夫，能否节税？

不同地域的同类企业，可能存在不同的税负。形成这种税负落差的原因，有以下两个方面。

1. 地方政策影响

（1）民族自治地方的自治机关对本民族自治地方的企业应缴纳的企业所得税中属于地方分享的部分，可以决定减征或者免征。

（2）在国际避税天堂设立的企业，也可以节税。比如，香港地区的公司就没有增值税，只有利得税（所得税）。

（3）保税区优惠。保税区是经国务院批准设立的、海关实施特殊监管的经济区域，也是我国目前开放度和自由度最大的经济区域。其功能定位为保税仓储、出口加工、转口贸易三大功能，享有免征、免税、保税政策，是中国对外开放程度最高、运作机制最便捷、政策最优惠的经济区域。

2. 多税率供选择

（1）城建税因地域不同而不同。纳税人在市区的城建税税率为7%，在县城、镇的，税率为5%，不在市区、县城或镇的，税率为1%。

（2）土地使用税的地域差异。国务院决定自2007年1月1日起，将城镇土地使用税每平方米年税额在原《条例》规定的基础上提高2倍，即大城市由0.5元至10元提高到1.5元至30元；中等城市由0.4元至8元提高到1.2元至24元；小城市由0.3元至6元提高到0.9元至18元；县城、建制镇、工矿区由0.2元至4元提高到0.6元至12元。同时，将外商投资企业和外国企业（以下简称外资企业）纳入城镇土地使用税的征税范围。对于土地量大的企业，选择不同的地区土地使用税将有很大的差异。所以企业在地域上下功夫，是能够起到节税作用的。

至于产业布局，在扩张期的企业，可以充分考虑介入高新技术产业。2009 年 11 月，有报道称山西多位煤矿老板现身高新技术交流会，寻找新的发展机会，就是介入高新技术产业的表现。传统行业的企业集团，可以将新设立的一部分企业向高新技术产业靠近，当一个集团中既有高新技术企业又有非高新技术企业时，就形成了所得税税负落差：一般的企业是 25%，高新技术企业是 15%。落差为调剂税负提供了可能性。

(三)"节税三问"：变革一下业务流程，能否节税？

在扩张期，集团内多个关联企业并存的格局已经形成，变革流程可以在单个企业之内进行，也可以在跨企业之间进行。从我们接触的企业情况来看，主要是在销售环节和生产环节下功夫。

1. 变更企业业务性质

变更企业业务性质，是"靠近法规"思想的体现，将原本是甲业务的，通过创造条件，使之成为乙业务，两种业务适用不同的税种或税率。

案例（备注：本案例发生时，还未全面"营改增"）：

申达商场是一家大型销售服装、化妆品的卖场，所有的产品都是招商产品（所有的产品都由进场的商家提供，产品管理权也在商家）。申达商场仅提供收银、保洁、管理服务，并按所有产品销售收入的一定比例收取"扣点"。申达商场缴纳税种为增值税。按所有销售款作为收入计提销项税，商家按扣除"扣点"

后销售款开具增值税发票给商场，商场据增值税发票列支成本。即商场是按差额（总销售款−扣点）缴纳17%的增值税。

该商场准备在 A 地区设立新的商场，但 A 地区的招商品牌大多为个体户，无法开具增值税专用发票，无法实现进项抵扣，新商场税负将达到收入的17%，商场肯定无法盈利。但为了参与竞争，与竞争对手争夺市场份额，该商场又必须在 A 地开张。为此，申达公司请我们的税务专家进行纳税策划。

税务专家进场后，通过调查发现，申达商场未对所有进场的产品进行管理，产品所有权所附有的风险和报酬均在进场的商家，商场仅提供了场地和管理服务。从这种角度看，申达商场不是销售产品的行为，而是出租场地、提供服务的行为。这是一个重要的节税工程突破口。

于是，我们税务专家建议新的商场定位为服务业，提供营销服务。同时改变销售收入确认的方法，仅按收取的"扣点"记为服务收入，并要求所有进场的商家提供税务登记证，签订代销合同，确定代销方式，明确进场商家税费由进场商家承担。如此一来，商场就可以按"扣点"收入的5%缴纳营业税。

申达商场采纳税务专家意见后，与 A 地税务局进行沟通，税务局同意此种方式。假定新商场年销售额为 5 000 万元，平均扣点为18%，平均扣点收入为900万元，如果缴纳17%的增值税应缴税：900÷1.17×0.17＝130.76万元。而按5%营业税应缴税900×0.05＝45万元，可节约流转税85.76万元。

2. 销售业务剥离

将销售业务剥离出去，在扩张期的企业相当普遍，很多企业原来是产销在同一个企业中，随着发展的需要，成立了销售公司，其实这个公司就是原来销售部门独立出去的，卖的也全是自己的产品。

案例（备注：本案例使用当时的税收政策，未做修改）：

C公司是生产生物化肥的一家高科技企业，有两个系列的产品，一个是生物杀虫剂，一个是微生物催化剂。该两种产品均取得专利技术，且都是以C公司名义取得的。生物杀虫剂每年销售约4 000万元，微生物催化剂每年销售约3 000万元，由于这两个系列产品附加值很高，毛利在60%左右，大约有30%成本可取得增值税专用发票，每年增值税约720万元，所得税15%的税率约370万元，增值税、所得税税负很高。面对不断增长的税金，C公司请求税务专家的协助。

税务专家经过调查发现，两个系列产品都有独自的生产车间，独自的生产线和工人。生物杀虫剂的客户有一半是免所得税的农林企业，对是否开具发票无要求。基于此，税务专家建议：第一个年度C公司投资设立D公司和E公司，D公司为一般纳税人生产企业，生产杀虫剂产品。E公司为个体工商户，主营杀虫剂产品销售。D公司成立后，C公司将尚有6年使用期的杀种剂专利技术作价500万元销售给D公司，作为D公司的无形资产，销售无形资产后，C公司不再生产杀虫剂，仅作为杀虫剂的销售商对外销售。C公司接到定单后对客户群进行分类，对于需要发票的客户（假设销售额约2 000万元），由D公司将产品销售给C公司，C公司再对外出售给客户。对于不需要开发票的客户（假设销售额约2 000万元），由D公司将产品销售给E企业再对外出售给客户。生产企业和销售企业的毛利各为30%。

变更前后的流程如图8-2及图8-3所示。

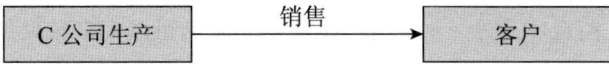

图 8-2　变更前流程

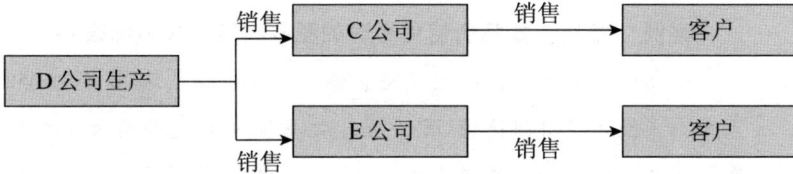

图 8-3　变更后流程

经过分拆后，C 公司销售 500 万的专利技术由于取得税务局关于免营业税和所得税的批复（前者依据"财税〔1999〕273号"，后者依据《企业所得税法》），对 C 公司不存在税费的问题。由于该专利技术在 C 公司账上仅有 3 万元的登记费，而在 D 公司账上为 500 万元，按《企业所得税法实施条例》第九十五条规定"形成无形资产的，按照无形资产成本的 150% 摊销"，摊销基数为 750 万元（500×150%），在 6 年内可抵所得税 750×15%＝112.5 万元。同时对于不开票的销售额约 2 000 万元，按 30% 计算的增值税为 2 000÷1.17×0.3×0.17＝87 万元（另外需要开票的 2 000 万元销售额，进项抵销项后，基本没有增值税）。由此可见，可以为企业节约很大一笔税费。

第二年，按照同样的方法，将微生物催化剂生产业务和资产剥离出去。

3. 加工方式变更

除了销售环节外，加工环节的变革也常常可以带来较大的节税空间。基本思路有两种：自己加工还是请别人加工；在一个企业加工还是在多个企业加工。

案例（备注：本案例使用当时的税收政策，未做修改）：

A 公司是生产化妆品的企业，现在一单定货，销售价为 450 万元，该批产品材料价值 75 万元，如果委托其他公司加工成成套化妆品，委托加工的成本为 110 万元。A 公司在两种方式下缴纳的税费如下：

自行加工，应纳消费税为 450×30% = 135 万元；应纳城建税、教育费附加为 135×（7%+3%）= 13.5 万元。

委托加工，由委托公司按组成消费税计税价格代扣代缴消费税，消费税组成计税价格为（75+110）÷（1−30%）= 264 万元；应纳消费税为 264×30% = 79.2 万元。

按现行税法规定：委托加工的应税消费品，受托方已代收代缴消费税，委托方收回后直接出售的，不再缴纳消费税。

由此可见，委托加工方式较自营加工除附加税费外，可节约消费税：135−79.2 = 55.8 万元。

4. 变更产品包装方式

变更产品包装方式的案例并不常见。但是，几乎所有的产品都有包装，这是一个被众多财税人员忽略的节税环节，尤其是纳消费税的商品。在很多企业里，包装成本都是计入了产品成本，销售时也没有单独计价，包装销售收入一并缴纳了消费税。如果分开计价，包装物售价就不必纳消费税了。

案例：

税法规定纳税人将应税消费品与非应税消费品以及适用税率不同的应税消费品组成成套消费品销售的，应根据组合产品的销售金额按应税消费品的最高税率征税。

习惯上，工业企业销售产品，都采取"先包装后销售"的方式进行。如果改成"先销售后包装"的方式，可以大大降低消费税税负。

甲日用化妆品公司，将生产的化妆品、工艺品等组成成套消费品销售。每套消费品由下列产品组成：化妆品包括粉饼（40元）、眼影（30元）、口红（30元）、化妆工具（30元）、塑料包装盒（5元）。化妆品消费税税率为30%。按照习惯做法，将产品包装后再销售给商家。每套产品应纳消费税：（40+30+30+30+5）×30%＝40.5元。若改变做法，将上述产品先分别销售给商家，再由商家包装后对外销售，并将产品分别开具发票，账务上分别核算销售收入，应纳消费税：（40+30+30）×30%＝30元。每套化妆品节税额为40.5－30＝10.5元。

第九章

基于企业生命周期的节税工程（四）：战略转移期节税工程

一、战略转移期企业经营特点和纳税特点

企业战略转移，包括企业关闭消亡、整体出售、企业投资转向其他领域、企业业务收缩等。这些情形下，企业和纳税主体随之变化：一是原来的企业从形体、形态上消失，原来纳税主体也将消失或由新的主体替代；二是原来的企业形态未消失，但业务范围发生较大转变，纳税特点也随之改变。

1. 经营特点

经过扩张期的高速发展之后，战略转移期的企业出现"疲惫"状态，要么渐渐消亡，要么转型重获生机。这一时期的经营有以下特点：

（1）并购重组由扩张目的转为生存目的。在扩张期，企业并购重组的目的，是为了扩大规模或涉及更多的产业领域，扩张期的并购重组行为较为普遍。当企业进入战略转移期之后，并购重组行为渐渐

减少，这一时期的并购重组，多以转型为目的，投资者试图通过并购重组来获取新的机会和发展动力。

（2）品牌知名度高，无形资产价值大。企业在战略转移期出现问题时，首先是从内部开始，外部知之甚少，因此这些问题对企业的品牌形象并无多大影响，企业仍然以一个重要的市场角色出现在公众的视野当中。品牌之外的其他相关的无形资产、专利技术、商誉等也具备相当高的价值，如果企业这个时期转向，无形资产的出售价格甚至可能超过有形资产的价格。

（3）企业多为集团企业，甚至跨国企业。在经历高速发展后，进入战略转移期的企业，多为集团企业，或者虽未注册集团公司，但多个成员企业实施着虚拟集团管理。对股东而言，需要合并这些单个企业的财务报表。

（4）企业规模大，但不等于实力强。这一时期，企业的规模达到顶峰，如果再扩张，就超越了管理层的驾驭能力或者超出了资金链的承受限度。这一时期企业的营业额绝对值可能很大，但企业实力并不强，尤其是企业资产总体回报率不高，有相当多的不良资产存在，这些资产的低回报或亏损抵减了企业前进的能量和速度。

（5）市场知名度大，但市场占有率出现萎缩。由于是一家在市场上引领风云若干年的企业，其市场知名度当然相当高，但市场占有率正在被新生代企业蚕食着，在很多局部市场，甚至落败于相当多的同行小企业。在某些产品技术含量和品质方面，也敌不过同行小企业。

（6）产业多元化。大多数处于这一生命周期阶段的企业，都涉足于多个产业领域。在扩张期，这些产业可能都生机勃勃，但在战略转移期，很多产业已经成为企业的负担。与产业多元化相关联的，是企业组织关系和产权关系复杂化，这些错综复杂的关系，给管理带来

223

相当大的难度，集团控制在这一时期被高度重视，但控制力度已经难以强化。

（7）大企业病出现。大企业病，是战略转移期企业的普遍病症，整体效率和局部效率均低下，市场资源浪费严重，市场敏感度低，技术创新不足，机构臃肿，人浮于事，管理成本居高不下，执行力弱，官僚作风严重，员工满意度降低，客户忠诚度降低，高端人才流失，出现人才"劣胜优汰"现象。

（8）风险累积较高。在这一时期，企业的市场风险、政策风险、管理风险、财务风险均累积到较高的程度。这些风险，可能首先从财务角度暴露出来，资金链压力增大，甚至出现断裂。

（9）企业负担重，社会压力大。管理成本居高不下，员工老龄化，不良资产比重增大，固定资产折旧绝对值越来越高，这些因素导致企业背负沉重的负担。对外而言，由于多年都是"明星"企业，社会的期望值大，承担了较多的社会责任，而当企业走下坡路时，这些压力却是有增无减。

2. 纳税特点

企业在扩张期，现金状况良好，纳税不影响现金流，加之纳税大户带来良好的社会形象和声誉被投资者所看重，因此投资者合法纳税的意识较为强烈。但他们扩张期并不太关心节税工程。当企业进入战略转移期，现金状况恶化，纳税所需资金有时难以保证，投资者开始关注节税问题。在战略转移期，其纳税特点如下所述：

（1）税负重。无论是税负率，还是绝对额，对于一个走下坡路的企业来说，都是较重的负担。

（2）税收可能增加资金压力。经营资金需求和纳税资金需求，在这一时期有时发生冲突。延期纳税成为财税人员的愿望，而投资者这一时期常常要求纳税资金需求向经营资金需求让步。

（3）节税机会浪费严重。在战略转移期的企业，关联企业多，企业产权关系复杂，节税空间较多，但常常被浪费。一边是纳税困难，一边却是缺乏税收总体规划，有些部门严重欠缴，而有的部门多缴了却不知道。

（4）避税愿望强烈。纳税筹划专家在这一时期受到企业的高度欢迎。但是，纳税筹划的效果常常让投资者感到失望，在利益驱使下，专家们协助投资者实施避税甚至偷税、逃税，共同为企业埋下涉税"地雷"。尤其是当企业选择清算消亡之路，投资者个人利益中必须拿出相当一部分出来缴税时，避税的愿望被一再强化，导致避税与反避税的博弈常常上演。

二、战略转移期节税工程的突破口

我们寻找突破口，离不开战略转移期的经营特点和纳税特点。

1."靠近法规与远离法规"

在战略转移期，企业所面临的法规，和创业初期、成长期和扩张期都是一样的，在前三个时期适用的节税突破方法，在这一时期依然适用。但是，这一时期，经营者和投资者更关注的是企业清算和转型方面的政策法规，并更关心在这方面找到节税的空间。

（1）清算。涉及清算方面的法规，2009年有一个最新文件——财税〔2009〕60号《关于企业清算业务企业所得税处理若干问题的通知》。这份由财政部和税务总局联合下发的文件具体内容可以从网上找到，这个文件的核心思想，就是明确清算所得即纳所得税的计数基础。清算涉税事项，属于特殊事项，其实施节税工程的空间虽说比较小，但并不表明没有空间，我们依然可以实施"靠近法规"。在该文件第三条规定："企业清算的所得税处理包括以下内容：（一）全部资产均应按可变现价值或交易价格，确认资产转让所得或损失；（二）确认债权清理、债务清偿的所得或损失；（三）改变持续经营核算原则，对预提或待摊性质的费用进行处理；（四）依法弥补亏损，确定清算所得；（五）计算并缴纳清算所得税；（六）确定可向股东分配的剩余财产、应付股息等。"第四条则规定了计算所得的公式："企业的全部资产可变现价值或交易价格，减除资产的计税基础、清算费用、相关税费，加上债务清偿损益等后的余额，为清算所得。"

针对这些规定，战略转移期的企业可以实施如下节税措施：

第一，选择企业关停清算的时机。即选择该企业清算所得最低的时候关停。那么，在关停之前，企业收益哪去了呢？通过关联业务往来转移到不计划关停的关联企业去了。当然，关联交易按照合理的价格交易，避免受到关联交易纳税特别调整的限制。

第二，利用关联企业，让计划关停的企业与之发生债务关系，债务计算资金利息，让收益发生转移。

第三，充分利用"可变现价格或交易价格"、"清算费用"等关键词。这些价格和费用，具体什么样的水平才是合理的，目前并没有明确的规定，只要相对合理，就不会有风险。

总之，实现企业清算所得最低化，从而达到纳税最低的目的。

（2）企业整体资产转让。企业整体资产转让法规较为复杂。不同情况需要采取不同的方式"靠近"或"远离"法规。

第一，企业整体转让不缴纳增值税。对于这项规定，需要"靠近法规"，在决策是否整体转让时，除了考虑经营发展的需要，还要考虑节税的需要。

第二，企业整体转让应缴纳印花税和土地增值税。根据法规规定，印花税是必须缴纳的，而土地增值税因增值额不同而节税也不同，需要"靠近"法规。

《中华人民共和国印花税暂行条例》及其施行细则规定：企业整体转让属企业全部财产的所有权转让，应根据产权转让所立的书据依万分之五的税率缴纳印花税。

《中华人民共和国土地增值税暂行条例》及其实施细则规定，转让国有土地使用权、地上的建筑物及其附着物（即转让房地产）具有法定增值额的应当依法缴纳土地增值税，转让非国有土地使用权及地上的建筑物、其附着物则不缴纳土地增值税。该条例第七条规定：土地增值税实行四级超率累进税率：

增值额未超过扣除项目金额50%的部分，税率为30%。

增值额超过扣除项目金额50%、未超过扣除项目金额100%的部分，税率为40%。

增值额超过扣除项目金额100%、未超过扣除项目金额200%的部分，税率为50%。

增值额超过扣除项目金额200%的部分，税率为60%。

第三，企业整体转让增值达到税法规定比例时要按规定缴纳企业所得税。

（3）企业投资新领域。除了清算、整体资产转向，战略转移还有一种重要的形式即投资新领域。作为企业的一种投资行为，本身不涉及特殊的税务事项。但是，根据新所得税法"产业优惠为主，区域优惠为辅"的精神，在投资新领域时，可以从头规划企业投资产业和投资区域。这就相当于创业初期的节税工程安排了，使企业的投资行为"靠近"税法的规定，从一开始就符合享受优惠的条件。

（4）企业业务收缩。企业业务收缩过程中，也有相当多的机会可以合理实施节税工程。当业务收缩时，先收缩税负高的业务，后收缩税务低的业务，可以节税。业务收缩之后，原法人主体是注销、吸收合并还是转为分支机构，对税收的影响也是不同的。如果因收缩业务而法人注销，则按前文"清算"安排节税工程；如果是吸收合并，则按前文"整体资产转让"安排节税工程；如果是作为分支机构，则一方面需要注销原法人，同时成立分支机构。

2. "从大处着手，从小处完善"

战略转移期的节税工程，从大处着手，主要应该考虑企业的未来出路，包括：是注销还是继续存在？在什么时机注销？以何种形式继续存在？

案例（备注：本案例使用当时的税收政策，未做修改）：

某陈姓投资者经营了两家通信设备有限公司 A 公司和 B 公司。两个公司经营同样的业务，位于同一个城市中两个不同的税务管辖区。由于 A 公司有其他股东参股，陈姓投资者觉得经营决策常常受到干扰，另外 A 公司前期财务有诸多不规范的地方，因此决定注销 A 公司，专心经营 B 公司。

我们接受委托后，对 A、B 公司进行了调研，我们发现 A 公司账务有三个待处理的问题：第一，A 公司账上有 800 多万元未分配利润，注销之前予以分配的话，投资者须缴纳较高的个人所得税，企业清算后亦需要按清算所得缴企业所得税，两税相加额度较大，近 320 万元，陈姓投资者难以接受；第二，由于前期账务处理不规范，有诸多白条入账，涉及应税所得 300 多万元，这部分应作纳税调整，补缴近 100 万元的所得税（前期所得税率为33%）；第三，未来两个月内，还有一项合同要执行，可明确计算的营业收入是 4 000 万元，而这部分收入，没有进项发票可抵扣，因为 A 公司前期为了少缴税，提前把进项发票全抵扣了，为此，这部分收入除了涉及所得税外，还将按 17% 缴纳增值税近700 万元。三项合计，如果立即注销 A 公司，须缴各项税费约

1 120万元。至于B公司的情况，由于公司成立不久，并且成立以来就得到我们的指导，经营和账务、税务均较规范。

在与陈姓投资者沟通之后，明确他难以接受巨额纳税时，我们建议：A公司注销时机不成熟，继续存留9个月时间，在这9个月里，做好三件事：第一，将B公司收益较薄的业务，比如物流和售后服务业务，委托给A公司来完成，以使A公司账上利润持续减少，直到接近亏损；第二，将前期账务全面清理，300多万元白条一律补充各类单据，其中涉及佣金和劳务支出的，补充工资表，涉及第三方劳务却无法补充工资表的，到地税部门代开发票，支付较低的税额（当地按开票额的3%—4%收取，比33%的所得税率要低得多，企业还是划算的）；第三，以A公司将注销，无力继续执行合同和做好承诺的三年售后服务为理由，将未来两个即将执行的4 000万元合同，转让给B公司去执行，B公司逐步消化前期提前抵扣造成的进项票亏空问题。

按照我们上述意见，陈姓投资者实际推迟10个月注销A公司，注销时A公司账上接近亏损，各种税款只缴纳了80万元即成功注销，节税额约高达940万元，他对此纳税额感到满意，税务部门对此也无异议。

三、"三大手段"的应用

（一）"节税一问"：变换企业组织形式和控制方式，能否节税？

在节税工程的三大手段中，变换企业组织形式和控制方式，是战略转移期用得较多的手段。除非决定注销，投资转向和业务收缩都用得上这一手段。

1. 将企业分拆一部分，进入新产业

当一个产业进入衰退，或者企业在这个产业中处于竞争弱势，已经难以获利时，投资者通常会寻找新的机会，进军新的产业。

在并购重组浪潮中，部分投资者进军新产业可能采取股权置换方式，或现金入股方式，直接参股一个成熟企业。除此之外，还可以采取以下四种方式：

（1）股东自己掏钱成立新企业，进入新产业。

（2）企业拿现金成立新企业，进入新产业。

（3）企业注销清算，股东用清算所得成立新企业，进入新产业。

（4）企业分拆一部分实物资产或土地使用权等无形资产用于投资新企业，进入新产业。

在这些方式中，股权置换须是双方都愿意持有对方的股份，对于一个准备转移的企业，恐怕难以受到青睐。如果置换，则可以分为出让股权和购买股权两个业务来进行税收处理，出让股权产生所得，需要缴纳所得税。以现金方式入股别的企业或新成立企业，分拆一部分实物资产或土地使用权等无形资产新成立企业，均不涉及税收问题。企业清算涉及所得税，而且比较麻烦，因此，除非一定要注销，一般不采取注销方式。

我们比较推崇这种方式：企业分拆一部分资产新成立企业，当新成立企业发展到一定程度，再反向收购原企业。在这个过程中，组织形式不发生变化，都是独立的有限责任公司，但控制方式发生变化，先是原企业控股新企业，后是新企业反过来控股原企业。在这个过程中，前一步成立新公司不涉及税收问题，后一步反向收购可以通过节税工程实现节税目的。反向收购，实际上就是原企业整体资产转让，实施"靠近法规"，控制转让增值额在20%以内，则可以不确认转让所得或损失。

在反向收购中，武钢股份收购武钢集团，就是一个成功的事例，

该反向收购避免了收购增值部分的企业所得税。2003年武钢股份发布董事会公告，公司拟增发20亿A股，募集资金90亿元用于收购大股东武钢集团的钢铁主业，从而实现对大股东的反向收购，并实现集团整体上市。公告显示，增发股份20亿股中，12亿股向武钢集团定向增发，向社会公众发行为8亿股。这个思路是"定向增发加公募增发再加关联收购"，购买集团公司的大部分钱，来自于集团公司（你付钱给我，我再用这笔钱把你买了）。

2. 业务收缩过程中，采取整体资产转让

企业业务收缩是战略转移的重要形式之一，收缩可能基于两种因素，一是无力维持经营，缩减规模，二是由多元化转向专业化，出售不愿意再经营的产业。诺基亚以前就是一个多元化的企业，后来通过业务收缩专注于通信领域而获得巨大成功。

业务收缩过程中，有两种方式让企业脱手：

第一，注销企业或出售企业。注销企业需要选择注销时机，在清算所得最低时注销，纳所得税最少。如果是对外出售企业，当然谈不上控制增值额的问题，谁都希望自己的企业卖的价格高，越高越好（但付款方式可以双方协商，向"20%"那个临界点靠近）。我们这里提供一种比清算和对外出售更为简单的方式：将准备收缩业务涉及的企业整体转让给准备存留的企业，转让之后，将优良资产保留下来，劣质资产分批次进行资产清理。整体资产转让因为是内部转让，增值比率在不违背纳税特别调整前提下，有一定的控制空间，分批次清理劣质资产，清理收益可以适当调控，清理损失可以抵减企业利润。这种方式实际上是将整体出售的企业拆散，而将优良资产留下，劣质资产分批出售。

第二，除了整体转让，企业在业务收缩过程中还会遇到大宗资产转让的情形。这时，节税空间也非常巨大。

案例（备注：**本案例使用当时的税收政策，其中营业税现已改为增值税**）：

2007 年的一天，某集团公司（下称 A 集团）与我们取得联系，想委托我们实施节税工程。原来由于业务收缩，他们要将一宗价值 3 亿元的土地使用权转让给另一家企业（下称 B 公司），但财务人员测算了一下，需要缴纳的营业税超过千万元，所得税和土地增值税按标准计算的话更高（具体数额对方未透露）。

对此项业务，我们根据"远离法规"和"靠近法规"的指导思想，当即给出了间接出售的土地使用权的建议。

（1）远离法规。《财政部 国家税务总局关于营业税若干政策问题的通知》（财税〔2003〕16 号）规定："转让已完成土地前期开发或正在进行土地前期开发，但尚未进入施工阶段的在建项目，按'转让无形资产'税目中'转让土地使用权'项目征收营业税"，"单位和个人销售或转让其购置的不动产或受让的土地使用权，以全部收入减去不动产或土地使用权的购置或受让原价后的余额为营业额。"（本文件部分条款失效，但前述规定仍然有效）。

要完成本宗土地出让，就需要远离这条法规的规定。

（2）靠近法规。《财政部 国家税务总局关于股权转让有关营业税问题的通知》（财税字〔2002〕191 号）规定"以无形资产、不动产投资入股，参与接受投资方利润分配，共担投资风险的行为，不征收营业税"，"对股权转让不征收营业税"。

《财政部 国家税务总局关于土地增值税一些具体问题规定的通知》（财税〔1995〕48 号）第一条规定：对于以房地产进行投资、联营的，投资、联营的一方以土地（房地产）作价入股进行投资或作为联营条件，将房地产转让到所投资、联营的企业中时，暂免征收土地增值税。

要完成本宗土地出让，需靠近上述法规。同时，对转让股权不征营业税，我们是否可以将土地出让变成股权出让呢？

（3）变直接出让为先投资后出让。在我们的建议之下，A集团采取了下列方式实现节税：

第一步，A集团与B公司共同出资注册一家资产管理公司，A公司用土地使用权入股，占90%的股份，B公司占10%的股份。

第二步，B公司用3亿元受让A集团持有的资产管理公司90%的股权。

当B公司拥有资产管理公司全部股权后，也就拥有了那宗3亿元的土地，而A集团也成功将土地使用权以3亿元价格转手。在这个过程中，A集团不用缴纳营业税，不用缴纳土地增值税，节税额高达数千万元。

3. 子公司向分公司转换，以盈利抵亏损

子公司向分公司转换，用亏损企业的亏损，抵减盈利企业的利润。一般来说，分公司转为子公司，较为容易，而子公司转为分公司，难度要大得多，因为子公司转为分公司意味着法人资格的消失，还面临着所得税缴纳地点变化问题。虽然难度大，但在巨额的节税收益面前还是值得去努力的。当一个集团化的企业中多个成员企业亏损，而个别盈利企业盈利时，将亏损企业与盈利企业并在一起，可以亏损抵减利润。将亏损企业设立为分公司是途径之一。

我们在税务咨询过程中，遇到这么一个案例。某地板企业在全国十家大城市设置了子公司，外地的子公司经营均较良好，但在其总部所在地的两个子公司却连年亏损，经过调查，是因为当地老百姓并不

太认可本地企业的产品，加上企业在本地出过一些有损社会形象的事件，在消费者中美誉度较低。两个子公司连年亏损，自然不纳所得税，但集团整体利益在遭受损失。在我们的建议下，两家本地子公司注销，然后成立分公司（因参与市场份额争夺，本地市场不能放弃），业务、机构、人员均不变。如此一来，两家子公司的亏损就可以抵减总公司的利润了，这在当年抵减了150万元，当时是按33%缴纳所得税的，仅这一项，节税49.50万元。

（二）"节税二问"：在地域布局上和产业布局上下点功夫，能否节税？

当投资者决定实施战略转移，进军新的领域和行业时，相当于又回到了成立新企业的阶段，地域布局和产业布局，均可以按照"创业初期"来实施，在此不再详述。在新税法下，地域布局享受优惠难度较大，优惠政策较少，主要是西部大开发政策、民族自治地区政策。在产业优惠上面，在《国家重点支持的高新技术领域》中规定了八类产业：电子信息技术、生物与新医药技术、航空航天技术、新材料技术、高新技术服务业、新能源及节能技术、资源与环境技术、高新技术改造传统产业。

这些产业享受所得税优惠，按照《企业所得税法》第二十八条规定，减按15%征收。

（三）"节税三问"：变革一下业务流程，能否节税？

在企业战略转移期，涉及业务流程变革方面的节税，理论和方法与成长期、扩张期是一致的，但这一时期，多是从集团企业中成员企业间来考虑业务流程再造，站的高度更高，涉及范围远远超出单个企业。当然，在企业转移行为中，包括注销和投资转向中，是不适用的。只有当一个企业处于持续、正常经营期间，关注流程改造才有价值。因此，我们建议在转移行为前或后来实施业务流程方面的节税工程。

企业进入战略转移期后，相当一部分已经发展为集团公司，或者多个成员企业形成虚拟集团。这些集团内的成员企业，可能是围绕一个主业形成同心多元化，或横向多元化，或纵向多元化，在这种情况下，成员企业之间串起来，就是一个完整的大流程，比如铁矿石企业、炼钢企业、锻压企业就可以纵向串起来成为一种大流程。这时，从整合业务流程角度实施节税工程常见思路有两个：

一是将亏损业务从亏损或低盈利成员企业拿出来，植入高盈利成员企业，抵减企业的纳税所得额。比如，某药材初加工企业一直亏损，而处于其下游的成员企业某制药企业却利润丰厚。经过测算，将初加工的部分业务分拆出来，初加工企业依然略微亏损。于是，集团决定，将分拆出来的业务植入制药企业，在初加工企业不增加所得税的前提下，制药企业却减少了巨额所得税，集团整体纳税额减少。

二是业务分拆，将高税率税目的业务，拆开后植入低税率税目的企业。

第十章
基于企业经营流程闭合环的节税工程

事实上，基于企业生命周期实施节税工程时，是离不开企业经营流程闭合环的，也就是说，"两大基石"是密不可分的。在本篇中，第六章至第九章我们分别谈论了企业不同生命周期的节税工程，在每一个生命周期阶段，我们实施节税工程都使用了"三大手段"，其中"'节税三问'：变革一下业务流程，能否节税？"，就是基于"企业经营流程闭合环"的手段。

我们在本章单独讲述基于企业经营流程闭合环的节税工程，并不表示这一"基石"是独立的，只是我们需要对这一"基石"的运用作一些补充说明和强调。

一、"税负高点"不在财务环节

要从企业经营流程角度寻找到节税工程的突破，我们首先要弄明白，导致税负高的节点在哪里，我们称这些节点为"税负高点"。

1. 税负高，不仅仅是财务的责任

一个企业税负高，绝对不仅仅是财务的问题，甚至主要不是财务的问题。因为税收是经营过程产生的，而不是财务人员"核算"出来的。比如，我们拿增值税税负偏高来看，原因可能有以下几点：

（1）采购部门不能取得增值税进项发票，导致应该抵扣的增值税额无法抵扣。

（2）采购部门采购地点、采购批量、采购时机把握不当，致使税负增加。

（3）营销部门产品组合方式和销售方式等设置不当，将非增值税收入混入增值税收入。

（4）营销部门产品定价、销售地点等决策不当，致使应该享受的优惠无法享受。

（5）制造环节机械化程度低，人力成本偏高，而人力成本所形成的增值额，是无法用进项进行抵扣的。

（6）折旧费用偏高、制造费用浪费严重，而这些费用无法实现进项抵扣。

（7）财务人员失职，应该享受的优惠没有享受，或者核算错误，多缴税款。

从这些原因看来，很多责任都不应该由财务部门来承担。因此，为了降低税负，不能只盯着财务部门，而应该站在全流程的高度，逐个环节审视税收形成过程。

2. 税收责任分解，层层落实，可以找到税负高点

要实现整体节税，必须将税收责任层层分解、层层落实，不能仅仅指望财务人员把税额"算"少。

我们可以参照财务指标分解的思路，把税额作为一个指标，由财务环节向其他环节"倒推"，从而找到各环节各部门的明细指标。

案例：

某公司老板计划当月最多只缴增值税200万元，一分也不能多缴。但当月销售回款额不得低于5 850万元（含税）。这200万元怎么去实现呢？如果超过了，总不能偷税吧。

接到老板这一要求后，财务经理首先找到销售部门，让其预计当月销售量。当然，销售量是越多越好，不能因为少缴税连生意都不做了。销售部经理说当月销售量至少在5 650万元（含税，折合为不含税为5 000万元）。财务经理由此计算出增值税销项税额为5 000×13%＝650万元。该公司是按订单生产，当月的产品当月就卖完。接下来，财务经理找到制造部门，了解当月成本情况，通过了解和测算，如果实现5 000万元（不含税）的销量，主营业务成本是4 000元，即毛利率为20%。4 000万元中，原辅材料占80%，即3 200万元。进项发票当然只能在这3 200万元当中产生（假定该公司库存材料按实际成本计价），于是财务经理找到采购部门，要求这3 200万元当中，要尽一切可能取得进项发票。采购部经理回答说，一般纳税人供应单位占95%，都能够取得进项发票，而另外5%小规模纳税人供应的，无法取得。也就是说，当月能够取得进项发票的采购量为3 200×95%＝3 040万元（不含税），进项税额为3 040×13%＝395.20万元。

于是，财务经理向总经理报告后，公司下达了完成税收任务的通知，通知要求：销售部门当月销售量突破5 000万时，要及时报告财务部门；制造部门当月成本结构中，人力成本和各项不能取得进项发票的制造费用不得高于总成本的20%；采购部门当月取得的增值税进项发票进项税额，不得低于395.20万元，取得进项发票的采购额不得低于总采购额的95%；各后勤管理部门，协助制造、采购和营销部门完成这些任务。

销项税额 650 万元，进项税额为 395.20 万元，两者相减是 254.80 万元，即需要缴纳 254.80 万元的增值税（税负率为 254.80÷5 000 = 5.1%，属于偏高税负了，而老板要求只缴 200 万元，税负率是 4%，在制造企业里属于中等水平）。怎么办呢？比老板的要求高出 54.80 万元，而且如果销量扩大的话，还可能进一步增加销项税额。

剩下的任务，只有交给财务部门实施节税工程了。偷税行为当然不能采取，财务部经理找到销售部经理，商量能否在销售环节找到突破口。经过商量和研究，他们发现在客户中，有一家是长期的大客户，该客户提出了分期付款的要求，因为公司管理层认为考察产品质量的稳定性需要一定的调试期（并不是因为缺钱而分期付款），销售部还没有答应这一要求。财务经理认为这是一个突破口，他们与客户商量，同意当月销售分期付款，该客户 2 100 万元（不含税）采购当中，800 万元留作分期款待下月支付，但为了完成当月老板要求的回款额 5 650 万元，作为交换条件，要求这家客户预付 800 万元作为下一个合同的预付款。

这个大客户答应了预付下一个合同的要求，虽然当月支付的总货款并没有减少，但换取了产品质量调试期，对客户管理层来说，也是一个收获。如此一来，当月 5 000 万元不含税销售当中，有 800 万元是没有收回来的，公司也未开具发票，按照"远离法规"的思想，实现了不确认当月收入的条件。而另外收取的 800 万元预收款，可以挂"预收账款"当中，暂不确认收入。因此，当月确认的不含税销售收入只有 4 200 万元，销售税为 4 200×13% = 546 万元。进项税为 395.20 元，抵扣后当月应纳增值税：546-395.20 = 150.80 万元，低于老板要求的 200 万元。

二、从经营流程闭合环寻找税负高点成因

税负高点是一个相对概念，不能因为某个环节产生的税款多，就列为税负高点，如果那样的话，永远都只是销售环节。税负高点的真正含义，是指存在多缴税的节点，或者可以不缴税而缴了税的节点。这些节点是我们要重点关注的环节。

怎样找到这些节点呢？

从我们的经验中，可以这样做，将企业流程闭合环详细地画出来，然后逐个环节逐个环节审查。在审查中，我们常常运用"5W2H分析法"。

"5W2H分析法"是第二次世界大战中美国陆军兵器修理部首创。因其简单、方便，易于理解、实用，富有启发意义，而广泛应用于企业管理和技术活动，对于决策和执行性的活动措施也非常有帮助，也有助于弥补考虑问题的疏漏。

（1）WHY——为什么？为什么要这么做？理由何在？原因是什么？

（2）WHAT——是什么？目的是什么？做什么工作？

（3）WHERE——何处？在哪里做？从哪里入手？

（4）WHEN——何时？什么时间完成？什么时机最适宜？

（5）WHO——谁？由谁来承担？谁来完成？谁负责？

（6）HOW——怎么做？如何提高效率？如何实施？方法怎样？

（7）HOW MUCH——多少？做到什么程度？数量如何？质量水平如何？费用产出如何？

发明者用五个以"W"开头的英语单词和两个以"H"开头的英语单词进行设问，发现解决问题的线索，寻找发明思路，进行设计构

思，从而搞出新的发明项目，这就叫做"5W2H分析法"。

比如，采购环节，我们利用该分析法逐步提问：

①为什么要采购这批材料，换一个批次是否可以节税？

②为什么要在武汉采购？换别处采购能否节税？

③为什么要在这个季节采购，如果提前采购能否节税又不影响资金使用？

④为什么一定要采购A公司的产品，采购B公司的产品是否能够取得更多的进项发票？

⑤为什么要直接采购？如果让集团中的成员公司代购，能否节税？

⑥为什么要按现在的批量采购？批量采购对节税有没有影响？

我们发现，利用"5W2H分析法"逐一提问，总是能够找到未能有效节税甚至多缴税的环节。我们在给一家企业作节税分析时，我们发现企业采购环节因为采购量小，导致很多采购无法取得进项发票，于是，我们思考："假设没有这一个采购环节，会怎样？假设这个采购环节改成另一种方式，会怎样？"我们很快找到了思路，委托一家大型商贸公司采购，而这家商贸公司因为充当着多家企业的"总采购"，不仅价格低，而且他们全部提供增值税发票。

三、经营流程整合及再造

通过使用"5W2H分析法"就如同拿着"显微镜"从流程闭合环中找到税负高点。接着，我们就可以用"手术刀"实施流程再造了。

先打个比喻吧，有一条河，一到洪水期，就出现水灾。经过调查，原来是某个河道转的弯儿很奇特，如10-1所示，在A处形成一个小于30°的弯，每到洪水期，水流无法在这个地方顺利通过，导致水溢出河岸形成水灾。于是，当地民众齐心协力，把河流改了道，如图 10-2 所示把河流弯道拉直了，那之后，水流畅通再也没有水灾了。

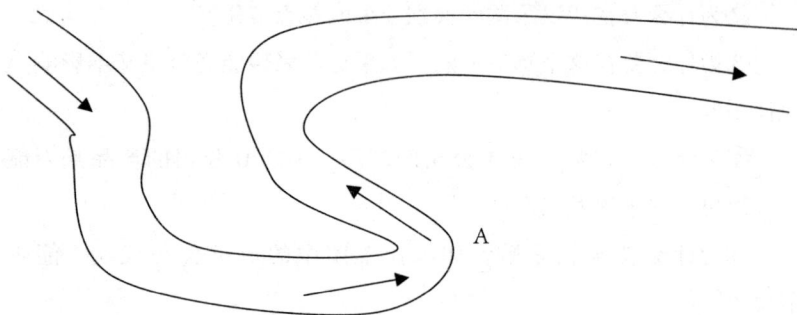

图 10-1　改造之前的河道

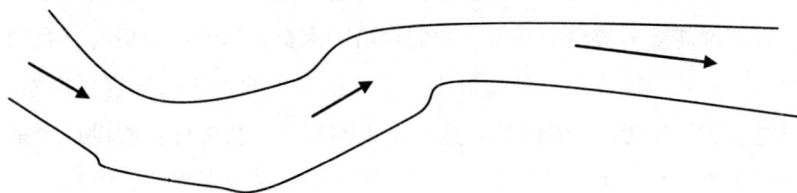

图 10-2　改造之后的河道

在企业经营管理过程中，我们的经营流程也存在很多看不见的"弯道"，这些弯道要么流失资产，要么浪费资源，要么丧失发展机会，要么多缴税费。针对这些弯道，就需要动手术。

某高科技产品制造销售公司一个简单的流程闭合环，如图 10-3 所示。我们接受委托实施节税工程时，我们对这个流程进行分析，发现该公司产品研发费相当高，第一年 100 万元，第二年 600 万元，第三年 750 万元。我们认为，研发环节是税负相对高点，有节税空间。我们建议将产品开发部独立出去，成为一个独立的产品研发公司。

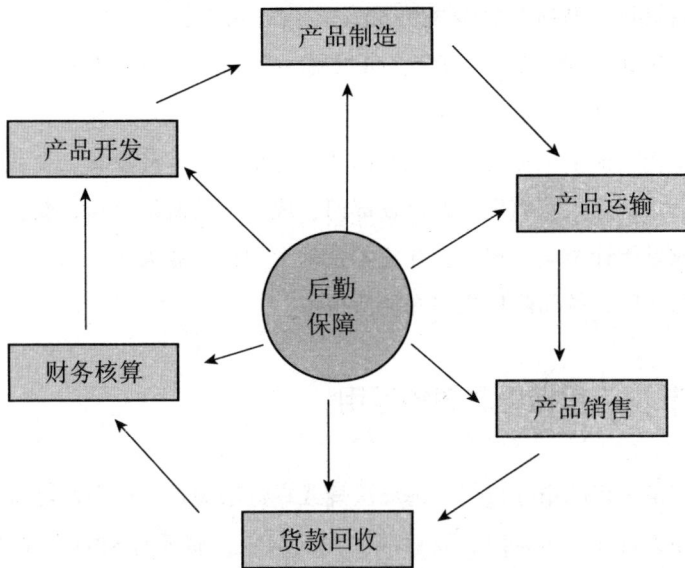

图 10-3 某高科技公司流程闭合环

根据《财政部 国家税务总局关于促进企业技术进步有关财务税收问题的通知》（财工字〔1996〕41号）规定：工业企业研究开发新产品、新技术、新工艺所实际发生的费用比上一年度实际发生额增长幅度在10%以上的（含10%），除按规定据实列支外，可再按当年实际发生额的50%抵扣企业当年应纳税所得额的规定，其适用范围扩大到所有财务核算制度健全、实行查账征收企业所得税的各种所有制的工业企业。

该公司第一年研发费100万元，第二年600万元，增幅超过10%，第三年750万元，增幅也超过10%。

设研发部门不设独立研发公司情况下，可列支的研发费用为：

第一年：可列支100万元；

第二年：可列支600+600×50%＝900万元；

第三年：可列支 750+750×50% = 1 125 万元；

三年共可列支 2 125 万元，可抵税（当时是 33% 所得税率）2 125 ×33% = 701.25 万元。

委托其他单位进行科研试制的费用也属于技术开发费。在我们的建议下，从公司剥离出去的研发部门，成立新的研发公司，新公司将技术成果转让给老公司时，在成本基础上加价，放大老公司可加计研发费的额度，从而降低更多企业所得税。

四、节税工程指导思想的运用

节税工程的指导思想是远离法规或靠近法规。我们在对经营流程闭合环进行逐一审查时，要对照法规的规定，靠近有利的法规规定，而远离不利的法规规定，从而实现整体节税。

原始状态下的流程与法规的距离如图 10-4 所示，调整后的流程与法规的距离如图 10-5 所示。

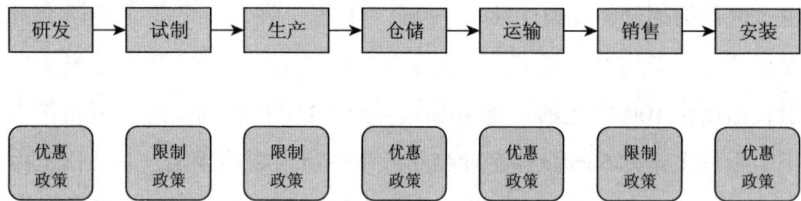

| 研发 | 试制 | 生产 | 仓储 | 运输 | 销售 | 安装 |

| 优惠政策 | 限制政策 | 限制政策 | 优惠政策 | 优惠政策 | 限制政策 | 优惠政策 |

图 10-4　原始状态下流程与法规的距离

两图只是一种形象的表现手段，实际操作是通过创造条件使业务符合优惠政策，或者消除条件使业务不符合限制条款。

本章前文所述的将研发部门独立为一个研发公司，就是"靠近法规"思想的运用。

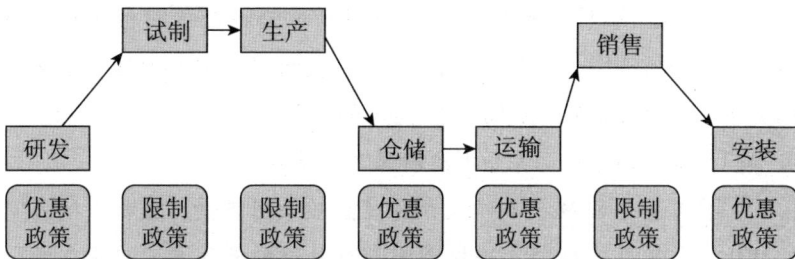

图 10-5　调整后流程与法规的距离

五、节税案例

（一）某发电机制造销售公司节税工程

2008 年 4 月，我们接受了来自 N 发电机组制造销售有限公司的一项节税工程设计委托业务。N 公司 2004 年由一家国有企业改制成立，产品销售到全国十多个省市，产销率保持在 97% 以上，在西南地区拥有较高的知名度。

由于市场发展良好，N 公司在 2005 年下半年投资兴建了 M 发电机组制造销售有限公司，两个公司发展情况良好，都处于盈利状态。

1. 基本情况调研

通过调研，我们发现 N 公司和 M 公司面临如下税收难题：

（1）N 公司在改制后，固定资产折旧仍然按原来的方法计提，但由于改制时固定资产评估存在减值，计提基数降低，改制后计提的绝对额就降低了。另外，至 2005 年底，已经有部分固定资产计提期满而停止了计提，在 2008 年里，还有大约 15% 固定资产将计提期满而停止计提折旧。但是，所有停止计提折旧的固定资产，都还处于正常使用状态，这对公司未来损益和所得税是一个较大的影响。

（2）2005年下半年成立的 M 公司和 N 公司经营的是同样的业务，两个公司共用一套人马，办公也在一个地方，如何处理两个公司的关系，投资者们颇伤脑筋。两个公司是否有必要合为一个公司？税务部门已经对两个公司关系不清晰提出了质疑。

（3）N 公司和 M 公司均无税收优惠政策可享受。随着市场环境的变化，N 公司和 M 公司迫切需要完善处理税务问题，并建立科学的管理经营机制，调整发展战略，以适应企业发展内部和外部要求。

2. 节税工程的实施

运用节税工程的指导思想和方法论，我们着手寻找节税的突破口。通过为期一周的研究，我们发现，N 公司和 M 公司的物流、销售、售后服务等业务，是可以分离出来的，我们可以从流程上下功夫，新设一个公司，来完成可以分离出来的业务，同时，新公司也可以协助解决固定资产问题。具体内容如下所述：

（1）变革流程，成立 K 商贸有限公司。我们认为，成立一家新的 K 公司，经营范围以物流服务、销售、维修维护服务为主，投资人为 N 公司现有股东，有利于节税工程的实施。

作为独立的企业法人，K 公司和 N 公司、M 公司之间是买卖行为。N 公司和 M 公司将发电机组生产出来之后，以合理的价格卖给 K 公司，K 公司再对外销售，物流运输、售后服务等均由 K 公司实施。与销售相关的市场开发、广告宣传等也由 K 公司实施，N 公司和 M 公司与 K 公司签定合同，形成委托和被委托关系。

N 公司和 M 公司所需原材料，也可以委托给 K 公司采购和运输，双方签订采购和运输代理合同，K 公司收取代理费并缴纳营业税（当时尚未全面"营改增"）。

K 公司充分利用节税工程中"靠近法规"的指导思想，从一开始就充分利用税收优惠政策，避免因为成立新公司多一个买卖环节而增加税负，相反要依靠优惠政策达到节税的目的。当 K 公司享受税收优惠时，N 公司和 M 公司的利润可以通过定价转移一部分到 K 公司，达到节税的目的。比如 K 公司采购材料后加价销售给 N 公司和 M 公司，而 N 公司和 M 公司的产品以较低的价格销售给 K 公司。

当然，N 公司和 M 公司的产品，以什么方式与 K 公司合作，也可以通过税负测算后决定。除了买卖关系外，K 公司可以代销，也可以组织者身份出现。以组织者身份出现，即充当交易中介人，开展交易洽谈活动，卖家仍然是 N 公司和 M 公司。

（2）靠近法规，享受优惠，成立多个类似于 K 公司的企业。由于目前所得税优惠政策较少，K 公司成立后，如果 N 公司和 M 公司可分离业务交给 K 公司，N 公司和 M 公司的税务问题解决了，K 公司的税务问题又产生了。为此，成立多个类似于 K 公司的小企业，并使之条件符合《中华人民共和国企业所得税法》第二十八条的规定：符合条件的小型微利企业，减按 20% 的税率征收企业所得税。成立多个公司，如果主要部门还是综合运用原来的部门，就只是增加几套财务账的问题。为了方便下文叙述，我们将这新成立的公司统称为"KK 公司"。具体成立几个，视需要而定，我们根据测算，建议他们设立两个。

（3）固定资产问题的处理。固定资产折旧，是 N 公司面临的一个大问题。也是 N 公司节税的重点环节。对于已经停止计提折旧的固定资产，以适当的价格销售给 KK 公司，再由 KK 公司回租给 N 公司。未来即将提足折旧的固定资产，届时同样处理。这样做的好处在于：

一方面，已经提足折旧的固定资产，不能提折旧了，但如果 N 公司从 KK 公司租进来，就要付租金，租金可以计入成本，从而降低所得税额。

另一方面，由于 KK 公司是小型微利企业，按 20% 纳所得税。假如 KK 公司从 N 公司收取 10 万元租金，这 10 万元如果 N 公司不支付，就要缴纳 25 000 元所得税，而支付给 KK 公司，N 公司不缴这 25 000 元所得税，KK 也只按 20 000 元缴纳所得税，节约 5 000 元。

（4）关于 N 公司和 M 公司关系处理。从降低管理成本和管理难度角度考虑，N 公司和 M 公司当然可以合并起来。但从节税工程角度考虑，两个公司有必要继续独立。多一个公司，在运作节税工程时，空间就更大，如实施价格转移、费用转移等，多个企业之间运作，比单个企业之间运作要容易得多。为了消除税务部门的疑虑，两个公司有必要严格独立核算，如果条件允许，办公和生产地点均分开。通过我们的现场调研，核算、办公均可以分开，但生产分开较难，于是，我们建议生产车间全部划归 N 公司，M 公司委托 N 公司生产。

（5）向高新技术企业靠近。利用节税工程"靠近法规"的思想，我们认为，通过运作和产品升级，N 公司和 M 公司有条件成为国家扶持的高新技术企业。从而符合"国家需要重点扶持的高新技术企业，减按 15% 的税率征收企业所得税"的规定。

N 公司和 M 公司的发电机组，并不符合"国家重点扶持的高新技术领域"的要求，但市场又需要这些产品，而且两个公司也是靠这些产品在生产。于是，我们建议 N 公司继续生产这些产品，M 公司转向新型动力电池（组）开发生产。N 公司和 M 公司接受了我们的建议，并开始启运这项工作。如果高新技术认定下来，按 15% 缴纳企业所得税，则未来 M 公司的成本费用则可以尽最大可能向 N 公司转移，从而达到节税的目的。

（二）某果品加工销售公司节税工程

1. 基本情况调研

我们受某果品加工公司老板的邀请，对该公司实施节税工程。

进入公司后，老板开口就对我们说，他的税负太高了，销售收入2 000万元，仅增值税就缴了325万元。这样的税负，的确是偏高。在我们调查后，发现问题出在进项抵扣不足上面。

该公司是增值税一般纳税人，适用13%的增值税税率。该公司自建果园，果园产出的水果加工成罐头、果脯等出售。2004年，该公司销售额2 000万元（不含税），增值税销项税额为260万元。但是，他们取得的进项发票却非常少，只有化肥、农药等少部分采购有进项票，加起来只有15万元。

2. 节税工程实施

我们了解这一情况之后，查阅了相关法规，审查了经营流程。具体内容如下所述：

（1）基于闭合环的分析。通过分析，我们发现，采购环节是税负高点。由于水果自产，所采购的物料很有限，只有化肥、农药、农膜等少数几类。能否增加采购量进而增加进项发票呢？我们提出这个问题时，被立即否定了。于是我们提出了另一个思路，将果园独立出去，注册为一个独立的法人（为方便叙述，我们称之为B公司，称原企业为A公司），A公司向B公司采购水果作为加工原料。

（2）靠近法规。《中华人民共和国增值税暂行条例》第八条："纳税人购进货物或者接受应税劳务（以下简称购进货物或者应税劳务）支付或者负担的增值税额，为进项税额。下列进项税额准予从销项税额中抵扣：（一）从销售方取得的增值税专用发票上注明的增值税额。（二）从海关取得的海关进口增值税专用缴款书上注明的增值税额。（三）购进农产品，除取得增值税专用发票或者海关进口增值税专用缴款书外，按照农产品收购发票或者销售发票上注明的农产品买价和10%的扣除率计算的进项税额。进项税额计算公式：进项税额＝买价×扣除率。

这一条中明确规定，购进农产品，可以抵扣10%的进项税。委托我们实施节税工程的公司自产水果，自然无法享受这条规定。我们将果园独立出去注册新公司，A公司向B公司购买水果，是靠近这条法规的规定。

《中华人民共和国增值税暂行条例》第八条："下列项目免征增值税：（一）农业生产者销售的自产农产品；（二）避孕药品和用具；（三）古旧图书；（四）直接用于科学研究、科学试验和教学的进口仪器、设备；（五）外国政府、国际组织无偿援助的进口物资和设备；（六）由残疾人的组织直接进口供残疾人专用的物品；（七）销售自己使用过的物品。除前款规定外，增值税的免税、减税项目由国务院规定。任何地区、部门均不得规定免税、减税项目。"《中华人民共和国增值税暂行条例实施细则》第三十五条规定："农业生产者，包括从事农业生产的单位和个人。"

这一条明确规定，农业生产者销售的自产农产品，免征增值税。果园独立出去注册为B公司，也是靠近这条法规的规定。

（3）利用节税工程辅助技术调节税基。B公司加大技术投入，提高果品质量，A公司可以以此为理由，用略高于市场价的价格采购水果，这样A公司可以从B公司获取更多的进项税额。

（4）节税效果。将果园从A公司分离出去成立B公司后，两个公司的总的增值税为：

①分立后A公司，销项税额不变，仍为260万元。

②A公司向B公司采购水果，价格略高于市场价，总采购额为

250

1 400万元（不含税），进项税额为 1 400×10% = 140 万元。

③B 公司不产生销项税。

④A 公司原来采购化肥等取得的进项税，转移到了 B 公司，但 B 公司不能抵扣，因为 B 公司是免增值税，因此，这里损失进项抵扣 15 万元。

上述加起来，两个公司当年需缴纳增值税额为 260 - 140 + 15 = 135 万元。

但在实施节税工程之前，当年需缴增值税为 260 - 15 = 245 万元。

两者一对比，节税 110 万元，节税效果十分明显。

老板和财税精英的顶层思维

老板如何成为一位在财税方面具备战略思维的企业家，像马云那样？

财税精英如何能够与企业家一同成长、一同前进并最终共享企业成长价值，像蔡崇信那样？

答案是，要具备财税顶层思维。

关于财税顶层思维，我们有一门原创课程叫"财税顶层设计"。在这里，我和读者朋友分享最重要的三个方面。

一、以税收为核心的顶层架构

有相当多的企业，老板是以自然人身份当股东，即我们说的"亲自当股东"。从税收角度来看，这种情形将来在税收上基本无筹划空间，分红要缴 20% 个税、股权转让要缴 20% 个税、上市股改要缴 20% 个税、被并购要缴 20% 个税……沉重的税收会一直伴随老板左右。

同样是投资做企业，有的企业一路上税收很沉重，有的企业却很轻松。为什么出现这种情况呢？

企业的税收沉重，原因之一是一开始搭建顶层架构时，就没有认真考虑未来的税收负担。一个企业的税收高低，从成立公司那一天开始，就已经由顶层架构、业务模式和商业模式决定了，而不是由后来的经营情况来决定的。

我们这里讲的顶层架构，不是股权结构，也不是股份比例，它指的是不同企业主体，如何拼接成一张税收最小化的网状结构。

为什么需要这样一个网状结构呢？

一般的企业家，手里就一家企业，他没有一张网。大家想像一下，一只蜘蛛，它没有网，只有一个点，能够捕捉到猎物吗？当危险来临时，能够在自己的网上跑动，能够避开危险吗？老板只有一家企业，他就像没有网的蜘蛛，猎物捕捉不了，风险来时也直接砸在他的头上。

我曾经碰到两个老板，他们做企业的经历特别具有代表性。经历类似，境况却一个在地下，另一个在天上。

第一个老板手里有一家企业，夫妻俩做股东。他们先是做内外两本账，隐瞒收入，2013 年被税务局处罚后，不敢做两本账了，税收成本特别高，几乎没有钱赚。2016 年，碰上国家好政策，有钱赚了，夫妻两分红，交了很多税；2018 年，他们导入股权激励，转让一部分股份给高管，交了很多税；2019 年，有上市公司看上他们了，要并购他们，表面上看估值不错，但要交几千万税收。2019 年年底，他们盘点自己二十年创业，说了一句话：感觉有赚钱，但交了税以后，又没有钱赚了。

这个老板是典型的只有一个点，但没有网的蜘蛛！风险来时，直接砸上，不冒风险就无法捕捉到猎物。

第二个老板却恰好相反，老公是海归博士，特别看重咨询专家。

2011年创业之初，就请我给他们提供服务。当他提出回国创业，要成立一家公司的时候，我对他说：你不是成立一家公司，而是要成立好几家企业，甚至可以说是一大推企业，而且，这些企业不一定叫做公司。他非常相信我，完全按照我的方法做。这些年来，他们的财税相当规范，根本不需要做两本账，不需要隐瞒收入，不需要虚开发票，税收照样相当低。他们也面临分红，但交税很少；他们也做股权激励，但几乎没有产生税收；他们也遇到并购，但交税比正常情况还低了50%。

这就是有网和无网的区别。这个网状结构的顶层架构，应该怎么做呢？

第一，不能只一家企业，而要有好几家企业。

第二，架构要多层次，不能只有一个层次。比如，在你的经营主体上面，要设立资本平台，要设立家族财富平台，要设立家族持股平台，要设立股权激励持股平台。

第三，这些企业的企业类型，不一定都叫公司，有的是法人企业，有的是非法人企业；有的是营利机构，有的是非营利机构，还可能是非企业性单位。

第四，企业规模大小，要搭配起来。

第五，要有享受优惠的企业主体，比如免税的农业等，给财富一个免税的出口。需要提醒的是，免税主体不能在经营主体的上面（也就是说，不能成为经营平台的母公司），可以在经营主体的下面（成为经营平台的子公司），或者与经营主体平行（成为经营平台的兄弟公司）。

第六，这些企业最好不要注册在一个地方。

第七，这些企业最好能够跨行业，不要集中在一个行业。这里的行业，指的是社会化分工的行业，比如制造业、贸易业、服务业，而不是不同产业。

蜘蛛有一张网，比狡兔三窟还厉害。税收在这些企业之间乾坤大挪移，总能找到税收落差，将高税负主体的税收，往低税收主体转移并消化。

二、税收利润思维

税收是国家与纳税人之间的一种利益分配。国家分得多，纳税人就分得少；反之亦然。在现有税法框架下，纳税人可以也能够合法地享受到更多利益。作为企业老板和财税精英必须树立一种全新的顶层思维：税收不是企业的负担，而是企业的利润！

一家企业，除了传统的产品利润、经营利润、资本利润、财务利润之外，应该增加一个"税收利润"。这些利润如下图所示：

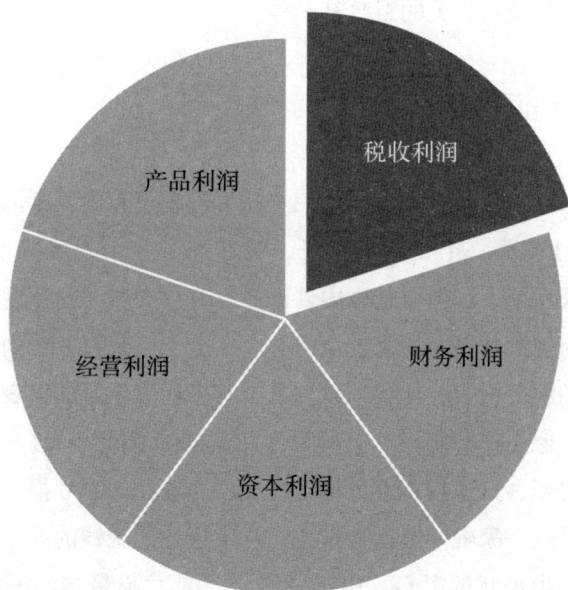

什么是税收利润呢？

在定义税收利润之前，我们先看看国家推出税收优惠政策的目的是什么？税收是一种投资引导行为。国家推出优惠政策，目的是鼓励某些产业或地区发展，引导资金更多地投向这些产业或地区。比如，国家给海南政策，就是希望海南发展起来，希望更多的资金向海南汇集。

响应国家号召，充分用好这些优惠政策，让政策真正落地，让政策真正地为国家发展做出贡献，是企业家义不容辞的行为。因此，享受国家税收优惠政策，合理合法地节税，是应该大力鼓劲和支持的。

税收利润就是用好国家税收政策，在税收层面获取更多的企业收益，它包括相对利润和绝对利润。相对利润指的是，你比竞争对手更充分地利用国家税收优惠，你的企业税收成本比竞争对手低。绝对利润指的是利用国家税收优惠政策，直接从国家获取利益回报，比如退税、返税、与税收相关的财政补贴等。

三、消灭利润思维

老板和财税精英要树立的第三个重要的顶层思维，是消灭利润。

记得 11 年前一个初春的日子，我参加了一个顶层资本交流会，人不多，就六个人，但全是国内外商业巨头。交流会的主题是投资一个美洲的新能源项目，五家企业竞标。在会上，我有幸看到五家世界顶级企业的财务报表，让我惊讶的是，其中四家企业的报表竟然是亏损，只有一家企业有利润，但利润也只有 8000 多亿美元。

我当时想，这还用得着竞标吗？五家企业，四家亏损，只一家有利润，就是这一家啦。选择合作方，肯定选择能赚钱的。

结果却出乎我的意料：中标的企业，是亏损最多的一家欧洲企业。有利润的那家企业，评分反而最低，他们给出的理由是"交税太多，伤害股东利益"。

为什么会这样?!

我当时提出了疑问。一位世界顶层商业巨头创始人是这样回答我的："账面利润多的企业，当然是最差的企业。优秀的企业家，要学会主动消灭利润。要学会把应该交的税收，转变为自己的资产。"

主动消灭利润?

说实在的，虽然11年前我已经是评价很高的财税专家，但我仍然没有听明白。我进一步询问，大家都笑而不语，似乎是一个不愿意透露的秘密。

在长达10年时间里，这个疑问一直纠缠着我，让我不得安宁。直到2018年的冬天，我才想明白。在春节前，我特意去拜访了那位商业巨人，并表达了我的理解。

"太棒了！您的理解太正确了!"商业巨人听了我的讲述后，高兴地竖起了大拇指。

不过，我很惭愧，我花了整整10年，才明白人家10年前的智慧。

商业巨人原来也是税务方面的行家，他接着说："偷逃税的人，道德有问题，那是小偷！避税的人，那是傻瓜，用你们中国的话讲，那叫掩耳盗铃！税务筹划，那不过是骗小孩子的小把戏！至于先生您的节税工程，虽然高明，虽然备受推崇，但比起'主动消灭利润'来说，还是逊色了一些!"

惭愧啊！

在此，我把自己对这个秘密的理解，总结给大家吧——

第一句话，"账面利润多的企业，当然是最差的企业"，如何理解?

账面利润越多，是不是交税越多？这个道理大家都明白。当然，有人马上想到了办法！账面利润多，我就藏起来。这藏起来，就是偷逃税，你愿意冒着坐牢的风险去逃税，也没人拦你。如果不偷不逃税，就得交税。按照我们国家税收监管的发展趋势，大数据应用，区块链技术应用，将来企业收支绝对透明，有利润必然交税。隐瞒收入、虚开发票、虚增成本、做两本账等手段，都行不通了。

账面利润多，不是说这家企业赚钱能力最差，而是说它在节税方面，最差。您不会节税，多交税，股东得到的分红就相对变少，这样的企业，股东不见得喜欢。比如有 1000 万元利润，企业所得税 250 万元，如果交了 250 万元企业所得税后，余下的 750 万元要再分给股东个人，还得按 20% 税率交个人所得税 150 万元，税收加起来共是 400 万元。这就是账面利润多的后果。

我们再来看第二句话，"优秀的企业家，要学会主动消灭利润"，是什么意思呢？

有人说，消灭利润还不简单吗？不努力，天天睡大觉，企业利润自然就没有了。你这叫利润消失，不叫利润消灭！你这么干，企业几天就没了，也没有必要学习税收利润了。

这里的"主动消灭利润"，指的是在利润形成之前，先把它消化掉。注意，前面讲了消失、消灭，这里又讲消化了。怎么消化？就是用成本、费用，把利润给抵销掉了。

有人可能又要拍脑门了：这不就是把钱花掉吗？花钱我最擅长了，世界上最幸福的事情，也就是花钱啊！

错！"把钱花掉"是错误的，正确的做法是，"把钱作为资本，投出去！"

钱和资本是一样的吗？当然不一样！

钱是用来花的，资本是用来赚钱的！

把钱作为资本，投出去？目的何在？怎么做？这就涉及第三句话了。

我们再来看看第三句话，"要学会把应该交的税收，转变为自己的资产"，是什么意思？

这句话的意思是，在利润出现在账面之前，就投资新项目，用新项目产生的成本费用，来抵减利润。比如，预计有 1000 万元利润，按照前面的计算，税收是 400 万元，交完企业所得税和个人所得税后净利润是 600 万元。如果把这 1000 万元，用成本费用抵掉，400 万元的税就不用交了。那么，用这 400 万元，以及 600 万元投资去，不是打水漂，必然形成资产，这不就是"把应该交的 400 万元税收，转变为自己的资产"了吗？

讲到为里，我们把三句话连起来思考，背后更深层次的秘密就出来了：用税收搏风险。成功了，自己的资产多了；失败了，败的是本来应该交的税收。我们事前做好预算，比如说，一个新项目花费 1000 万元，最坏的结果是损失 400 万元，最好的结果没有失败，形成 1000 万元资产，还进一步赚取新的利润。400 万元是本来应该交税的，成功了，企业资产又增大了。

事实上，无论是商业帝国，还是小镇上排名 500 强的微型企业，主动消灭利润，都是财富最大化、税收最小化的重要手段。

"主动消灭利润"，目前已经成为我们团队的主要服务项目之一，2019 年以来，已经帮助到了很多企业。这项工作的操作步骤如下：

第一步，全面预算，预测利润额度；

第二步，税收预算，预测将产生多少税收；

第三步，成立新项目事业部，选择适当的投资项目；

第四步，事业部启动；

第五步，事业部成本费用进入核算体系，抵减利润。

图书在版编目（CIP）数据

避税. 无限接近但不逾越：新税法升级版／邱庆剑 著. —北京：东方出版社，
2021.4

ISBN 978-7-5207-0979-8

Ⅰ.①避…　Ⅱ.①邱…　Ⅲ.①避税—基本知识—中国　Ⅳ.①F812.423

中国版本图书馆 CIP 数据核字（2021）第 037410 号

避税：无限接近但不逾越（新税法升级版）

（BISHUI：WUXIAN JIEJIN DAN BU YUYUE——XINSHUIFA SHENGJIBAN）

作　　者：邱庆剑

责任编辑：申　浩

出　　版：东方出版社

发　　行：人民东方出版传媒有限公司

地　　址：北京市西城区北三环中路 6 号

邮　　编：100120

印　　刷：北京文昌阁彩色印刷有限责任公司

版　　次：2021 年 4 月第 1 版

印　　次：2022 年 3 月第 8 次印刷

开　　本：880 毫米×1230 毫米　1/32

印　　张：8.5

字　　数：200 千字

书　　号：ISBN 978-7-5207-0979-8

定　　价：49.00 元

发行电话：(010) 85924663　85924644　85924641